U0861749

铁路沿线环境安全专辑

2025年第1辑·总第13辑

公益诉讼检察工作指导

最高人民检察院公益诉讼检察厅/编

中国检察出版社

图书在版编目（CIP）数据

公益诉讼检察工作指导 . 2025 年 . 第 1 辑 / 最高人民检察院公益诉讼检察厅编 . -- 北京：中国检察出版社，2025. -- ISBN 978-7-5102-3276-3

Ⅰ . D925.04

中国国家版本馆 CIP 数据核字第 2025GJ0059 号

公益诉讼检察工作指导（2025 年第 1 辑）

最高人民检察院公益诉讼检察厅 编

责任编辑：刘思昊

技术编辑：王英英

美术编辑：徐嘉武

出版发行：中国检察出版社

社　　址：北京市石景山区香山南路 109 号（100144）

网　　址：中国检察出版社（www. zgjccbs. com）

编辑电话：（010）86423796

发行电话：（010）86423726　86423727　86423728

（010）86423730　86423732

经　　销：新华书店

印　　刷：北京联兴盛业印刷股份有限公司

开　　本：710 mm × 960 mm　16 开

印　　张：13.5

字　　数：165 千字

版　　次：2025 年 6 月第一版　　2025 年 6 月第一次印刷

书　　号：ISBN 978-7-5102-3276-3

定　　价：60.00 元

检察版图书，版权所有，侵权必究

如遇图书印装质量问题本社负责调换

《公益诉讼检察工作指导》
编　委　会

编委会主任：张雪樵

主　　　编：徐向春

副　主　编：徐全兵　熊　正　邱景辉　曹　鎏
吕洪涛

编　　　委：易小斌　方剑明　刘家璞　刘东斌
胡婷婷　王　菁　裴铭光　解文轶
于　静　林仪明　刘洪娟　程天民
李连军　杨慧侠　张云龙　邹德芳
徐金波　王春莹　周立武　潘敏佳
徐　芳　王　斌　汪德庆　刘　艳
罗　瑞　谭铁军　姚　红　林淑瑜
曹维维　傅　铮　吴华斌　肖　俊
杨学正　陈　坚　杨　辉　刘　鹏
程春辉　党春艳　洪俊峰　王　妍
戴哲宇　秦　峰

本辑执行编辑：刘东斌　孙新宇（国铁集团）
沃赛朕（国铁集团）　卢大玮（国铁集团）
李　倩（国铁集团）

《公益诉讼检察工作指导》
通讯编辑

董泽平	马方飞	张　阁	刘祚洋	张杰彪
王文杏	罗建磊	李智宇	刘　辉	王春莹
邹政文	董燕飞	郝炎平	邹冬芝	黄凤娇
单格宁	李　胤	刘　洋	陈　药	庄少业
梁　杰	沈　飞	付学丹	吴开艳	李春丽
黄　梅	刘源原	李维玲	拜玉莲	马　锋
何鲸琳	陈红叶	游海兵		

目 录

高层声音

权威解读

典型案例

地方工作

经验交流

高层声音

GAOCENG SHENGYIN

最高人民检察院工作报告（摘录）

——2025 年 3 月 8 日在第十四届全国
人民代表大会第三次会议上

2024 年工作回顾

……

二、发挥检察职能，服务经济社会高质量发展

……

依法保障绿色发展。会同公安部等制定办理污染环境犯罪案件证据指引，起诉破坏生态环境资源犯罪 3.6 万人，办理公益诉讼 5.7 万件。会同生态环境部、水利部等深入开展长江、黄河、珠江流域水环境治理公益诉讼专项监督，推动全流域协同整治。部署福建、山东、海南等沿海检察机关服务海洋强国建设，指导内蒙古、宁夏、河南、湖北等地检察机关推动荒漠化防治、地下水保护、重点湖泊治理，组织西藏、青海等地检察机关助推青藏高原生物多样性保护，助力打好蓝天、碧水、净土保卫战。

用法治守护中华文脉。持续开展打击防范文物犯罪专项工作，起诉倒卖、损毁、走私文物等犯罪 1910 人。办理文物和文化遗产保护公益诉讼 3912 件。最高人民检察院针对长城保护制发第十二号检察建议，部署河北、内蒙古等地检察机关开展长城保护公益行动。指导山西、河南、甘肃等地检察机关开展石窟文物保护专项行动。统筹江西、陕西、宁夏等地检察机关加强长征文物和文化遗产保护。组织北京、浙江等沿河检察机关加强大运河文化遗产保护。支持湖南、广西、云南等地检察机关加强民族村寨、非物质文化遗产保护，促进铸牢中华

民族共同体意识。

服务乡村全面振兴。协同推进乡村治理，起诉农村涉黑恶犯罪477人。依法惩治制售假冒伪劣农资犯罪，起诉651人。守牢耕地红线，起诉非法占用农用地犯罪2869人。支持农业农村部开展高标准农田建设，办理公益诉讼4307件。指导辽宁、吉林、黑龙江等地检察机关开展黑土地保护检察监督，支持河南、四川检察机关开展守护“中原农谷”“天府粮仓”专项监督。

……

三、做实检察为民，保障民生福祉

践行以人民为中心的发展思想，组织开展“检护民生”专项行动，持续做实人民群众可感受、能体验、得实惠的检察为民。

用心守护群众身边安全。依法严惩危害食品药品安全犯罪，起诉1.5万人。开展食药安全检察公益诉讼专项监督，聚焦社区团购、网络营销、直播带货等重点领域，着力纠治制假售假、非法添加、违规销售等突出问题，办理公益诉讼2.6万件。协同推进铁路沿线违占违建等问题治理，办理公益诉讼1104件，保障铁路运行安全。起诉伤医扰医犯罪141人，促进平安医院建设。协同国家医保局、公安部等开展医保基金违法违规问题专项整治，起诉医保骗保等犯罪4715人，守护老百姓“救命钱”。

坚决维护国防利益和英雄烈士、军人军属合法权益。起诉破坏军事设施、破坏军婚等涉军犯罪276人，办理国防和军事领域、军人权益保护公益诉讼1445件。针对某海域非法养殖危害部队训练安全，组织属地检察机关开展公益诉讼，督促清理非法养殖设施，依法维护国防利益。指导吉林、黑龙江、贵州等地检察机关保障通信光缆等国防设施安全，组织山东、湖北、陕西等地检察机关深化军用机场净空保护专项监督。办理英烈权益保护公益诉讼 809 件。多名自媒体博主侵害红岩烈士肖像、名誉和荣誉，重庆检察机关依法提起民事公益诉讼，捍卫英烈荣光，弘扬英烈精神。

依法保护妇女合法权益。联合全国妇联等开展“巾帼暖人心”专项活动，发布典型案例，四级检察院联动举办检察开放日活动，加强妇女权益保障工作。严惩侵犯妇女生命健康、人格尊严等犯罪，起诉 4.8 万人。支持受家暴妇女提起民事诉讼 361 件，办理平等就业、母婴权益、孕产期保护等公益诉讼 1609 件，以法治之力守护“半边天”。

……

四、加强检察监督，维护执法司法公正

……

深化检察公益诉讼。立案办理公益诉讼 15.1 万件，其中行政公益诉讼 13.6 万件，民事公益诉讼 1.5 万件。注重在审前督促行政机关依法履职，提出检察建议 9.3 万件，行政机关回复整改率 98.1%。对发出公告或检察建议后未落实公益保护责任的，向法院提起诉讼 9409 件，99.5% 得到裁判支持。2024 年是党的十八届四中全会部署“探索建立检察机关提起公益诉讼制度”十周年。十年来，检察机关共立案办理公益诉讼 111.7 万件，涉及 14 个法定领域。最高人民检察院与 36 家行政机关等共建协同履职机制，30 个省级人大常委会出台加强检察公益诉讼的决定。配合全国人大常委会推进检察公益诉讼立法，将习近平法治思想在公益保护领域的原创性成果法制化。

……

2025 年工作安排

……

第五，着力提升法律监督质效。坚持依法监督、敢于监督、善于

监督，全面加强立案、侦查、审判、执行活动监督。完善虚假诉讼惩防机制。探索加强对执行活动的全程监督。推进行政执法和刑事司法双向衔接。积极配合全国人大常委会制定检察公益诉讼法。推进刑事、民事、行政、公益诉讼“四大检察”全面协调充分发展。

全国检察长会议在京召开　应勇强调紧扣中国式现代化履职尽责　持续推进习近平法治思想的检察实践

1月13日，全国检察长会议在京召开，总结2024年检察工作，部署2025年主要任务。最高人民检察院党组书记、检察长应勇强调，要坚持以习近平新时代中国特色社会主义思想为指导，深入学习贯彻习近平总书记对政法工作、检察工作的重要指示精神，全面贯彻党的二十大和二十届二中、三中全会精神，认真落实中央政法工作会议部署，深刻领悟“两个确立”的决定性意义，增强“四个意识”、坚定“四个自信”、做到“两个维护”，坚持党对检察工作的绝对领导，聚焦法律监督主责主业，高质效办好每一个案件，干字当头、挺膺担当，更好为大局服务、为人民司法、为法治担当，紧扣中国式现代化履职尽责，持续推进习近平法治思想的检察实践。

应勇指出，过去一年，全国检察机关坚持从政治上着眼、在法治上着力，依法履行法律监督职责，坚定拥护“两个确立”、坚决做到“两个维护”，有力维护高水平安全、服务高质量发展、加强民生司法保障，全面深化检察改革，各项检察工作取得新成效。过去一年检察工作取得新进展，根本在于以习近平同志为核心的党中央坚强领导，在于习近平新时代中国特色社会主义思想科学指引，也是全国检察机关全体检察人团结奋斗、拼搏奉献的结果。

“党的中心工作推动到哪里，检察工作就要跟进到哪里。”应勇强调，要坚持党对检察工作的绝对领导，坚定维护党中央权威和集中统一领导，坚定不移走中国特色社会主义法治道路，坚定中国特色社会主义司法制度、检察制度自信，服务建设更高水平的社会主义法治国家。要牢牢把握大局大势，在了解大局中找准定位、在服务大局中发挥职能、在融入大局中推动工作。检察机关作为国家的法律监督机关和保障国家法律统一正确实施的司法机关，更要绷紧严格依法办事这根弦，更要坚持法律面前人人平等、罪刑法定、罪责刑相适应等法治原则，更要牢记职责法定、严格依法履职、恪守履职边界。要聚焦主责主业，坚持守正创新，树立辩证思维，确保检察工作在法治轨道上行稳致远。

……

检察公益诉讼制度是习近平法治思想在公益保护领域的生动实践和原创性成果。要聚焦“公益保护”，持续抓好法定领域办案，更加注重办案质量。健全公益诉讼检察办案规范体系，以可诉性提升精准性规范性。……“四大检察”是新时代新征程检察机关法律监督的主体框架，也是检察工作进一步创新发展的基本格局。要深化对“三个结构比”的研究运用，持续推动“四大检察”全面协调充分发展。

权威解读

QUANWEI JIEDU

最高人民检察院办公厅 中国国家铁路集团有限公司办公厅关于加大铁路外部环境安全检察公益诉讼办案力度强化铁路安全法治保障的通知

各省、自治区、直辖市人民检察院，解放军军事检察院，新疆生产建设兵团人民检察院，各铁路局集团公司：

为深入贯彻落实习近平总书记对铁路工作的重要指示批示精神和党中央、国务院关于加强铁路安全的决策部署，充分发挥公益诉讼检察职能，扎实推进铁路外部环境安全治理工作，助力维护铁路安全稳定、保障人民安全出行，现就有关事项通知如下。

一、提高政治站位，强化责任担当

铁路安全是总体国家安全的重要组成部分。加强和改善铁路外部环境安全，对于促进铁路安全，服务铁路高质量发展，保障人民群众生命财产安全具有重要意义。国务院办公厅转发的交通运输部等部门《关于加强铁路沿线安全环境治理工作的意见》强调，要坚持人民至上、生命至上，构建政府主导、部门指导、企业负责、路地协同、多方共治的工作格局，依法解决突出问题，及时消除安全隐患，有效防范化解风险，持续改善铁路沿线安全环境。各级检察机关、铁路运输企业要充分认识加强铁路外部环境安全治理工作的重要意义，把维护铁路外部环境安全作为一项重要政治任务，树牢红线意识，强化责任担当，积极稳妥、精准规范开展铁路外部环境安全公益诉讼检察工作，通过高质效办案系统整治突出安全隐患，推动铁路高质量发展、高水平安全。

二、聚焦突出隐患，强化精准监督

各级检察机关、铁路运输企业要针对影响铁路外部环境安全的重点问题，组织开展隐患排查、动态研判，准确把握工作形势，聚焦以下难点、痛点问题，强化监督检查，推动形成重大事故隐患动态清零的常态化机制。

（一）公跨铁立交桥、公铁并行、铁跨公桥梁、铁路沿线油气管线等高危安全隐患

围绕公跨铁防撞护栏等级不足，桥梁失管失修老化劣化，公铁并行防撞护栏缺失或强度不足，铁跨公桥梁机动车撞击限高架和铁路桥梁，油气管线违法下穿铁路线路、并行间距不足、下穿埋深不足、安全防护设施不符合规范易引发火灾等问题，强化与属地政府及相关职能部门的协作配合，一体推进风险隐患化解。同步加强对船舶撞击铁路桥梁、公铁水交汇地段安全管控不到位、防护设备设施不达标、标志标线不齐全等问题隐患的监督检查，督促相关部门及时查处。

（二）飘浮物、危树等异物侵限，危及列车行车安全问题

针对铁路两侧500米范围内彩钢瓦、广告牌、农业大棚等构筑物因安装加固强度不足、遇大风等恶劣天气刮落至铁路线路，以及风筝、气球等轻飘物飘至铁路线路导致接触网挂异物，可能引起铁路供电故障进而造成列车延误、危及列车运行安全等隐患，常态化加强与属地政府及相关职能部门的协调联动，及时发现和消除隐患。加强对铁路沿线树木影响行车瞭望、倒伏，放养牲畜上道，铁路沿线烧荒、排污、倾倒垃圾或其他危害铁路安全物质等问题的监督检查，督促相关部门进行查处。

（三）铁路沿线生产、加工、储存危化品等高危作业安全监管问题

针对铁路沿线建造、设立、生产、加工、储存、销售易燃易爆等危险物品的场所，强化安全监管，确保满足国家标准、行业标准规定的安全防护距离。加强对铁路沿线采矿、采石、爆破作业的监督检查，确保符合国家标准、行业标准和铁路安全防护要求。对相关作业依法应当与铁路运输企业协商一致、报有关部门批准并采取安全防护措施的，监督严格按规定执行，对不符合规定的督促相关部门查处。

（四）铁路沿线违法施工、违法侵占、违法经营问题

聚焦未依法商铁路运输企业同意、签订安全协议而擅自在铁路沿线违法施工；建造建（构）筑物、取土、挖砂、挖沟、取水、堆放物品，影响铁路线路基础稳定，发生大型施工机械侵限；在铁路线路安全保护区内违法占地、施工、经营、停放车辆、堆放杂物，以及易引发火灾的安全隐患问题，重点开展监督检查。对跨越河道的铁路桥梁，加强跨越处河道上下游一定范围内围垦造田、拦河筑坝、架设浮桥、采砂、淘金、疏浚作业等的检查。对行为人拒不纠正、持续危害铁路安全的，督促相关部门及时查处。

（五）干扰铁路无线电、信息管理系统、通信信号设施等安全稳定运行问题

针对非法设置无线电台（站）、滥用无线电频率，干扰铁路运营指挥调度和无线通信系统频率正常使用；采用非法技术手段侵入、干扰、破坏铁路管理信息系统；在埋有地下光（电）缆设施的地面上方钻探；在铁路电力线路杆塔周围打桩等危害铁路通信信号设施、电气化铁路设施的行为，督促相关部门及时加大查处力度。

（六）其他需要重点监督的铁路外部环境安全隐患

三、挂图分步作战，确保协作质效

铁路外部环境安全治理工作要坚持目标导向、效果导向，分阶段、分步骤精心组织实施，确保年内取得实效，并持续深入推进。

（一）动员部署、隐患排查

各级检察机关、铁路运输企业要采取部署会、推进会等形式，对该项工作进行宣传发动，加强沟通联系，强化与铁路监管机构协作配合，推进开展对铁路外部环境安全隐患的滚动摸排，形成工作台账。

（二）分类研究、线索移送

针对各类隐患情况进行梳理分析，对照相关法律法规，按照铁路外部环境安全隐患的严重程度和所涉及的不同法律关系，逐一研究对策。铁路运输企业对需要检察机关督促行政机关履职、消除安全隐患的事项，要及时移交线索。检察机关发现涉嫌犯罪或者其他违法违纪线索的，应当依法依规办理，或者移送其他有管辖权的主管机关。

（三）深入调查、公益保护

各级检察机关要认真开展调查核实工作，对符合立案条件的及时立案，依法依规与属地政府或相关职能部门磋商、制发检察建议；对符合铁路交通重大事故隐患判定标准的，该起诉的坚决诉讼，有效督促整治铁路外部环境安全隐患。铁路运输企业要积极配合检察机关开展工作。

（四）督导推动、总结经验

针对工作开展不力或解决问题阻力较大的地方，最高人民检察院公益诉讼检察厅和国铁集团安监局、企法部将适时派组督促、指导。同时认真总结经验做法，推动建立健全检察机关与铁路运输企业预防和整治铁路外部环境安全隐患的长效工作机制。

四、加强组织领导，提高工作水平

（一）强化责任担当

各级检察机关、铁路运输企业要结合本地实际，认真研究制定实施方案，明确工作目标，明晰责任分工，有计划、有步骤推进。对影响广、阻力大、困难多的重大隐患，有关检察机关、铁路运输企业领导要积极协调解决。各级检察机关公益诉讼检察、刑事检察等部门要密切协作配合，确保内部衔接顺畅。要积极探索创新，支持铁路检察机关办理铁路外部环境安全公益诉讼案件。铁路检察机关办案涉及其他检察机关的，其他检察机关要给予支持。

（二）坚持因案施策

铁路外部环境安全隐患成因复杂，有的是铁路沿线部分土地权属不清、利益主体多元，且与维稳工作紧密相连，解决难度大；有的是相关法律规定不明确，铁路外部环境安全隐患涉及多部门，责任划分不清；有的是行政机关对铁路外部环境安全隐患治理责任感不强、积极性不高；有的是对相关责任人处罚力度不够，导致一犯再犯、屡禁不止。要坚持问题导向，找准问题症结，因地制宜，因案施策，有针对性地推动隐患问题解决。对于铁路线路两侧铁路用地被侵占伴生铁路外部环境安全隐患的，检察机关要督促土地行政管理部门依法处理；铁路运输企业通过法律途径解决问题的，检察机关要主动提供法律服务，并就相关诉讼活动依法开展法律监督。

（三）加强协同配合

各级检察机关、铁路运输企业要建立协作共建长效机制，加强联系协调和信息沟通，与属地政府及相关职能部门协作配合，推动落实各级铁路沿线安全环境联席会议工作部署。要加强与路地“双段长”工作制的衔接协作，持续跟进监督，推动职能部门落实责任，协调解决好影响铁路外部环境安全的普遍性、长期性、政策性问题，加快形成多方发力、齐抓共管、通力协作的铁路外部安全环境综合治理格局。

（四）注重舆论宣传

要结合办案积极宣传铁路安全法律法规、工作动态和典型案例，不断增强相关单位和广大群众的安全意识和法律意识，积极营造珍惜生命、爱路护路的良好社会氛围。要围绕全国人大常委会修订铁路法的立法工作计划，积极为推动将检察公益诉讼条款写入铁路法提供实践依据。

各省级人民检察院要将辖区内本项工作的重要情况、重要线索、经验做法、典型案例、工作成效、机制建设等，及时以信息或者专题报告等形式，报送最高人民检察院公益诉讼检察厅。各铁路局集团公司的相关工作情况要向国铁集团安监局、企法部报告。

发挥检察公益诉讼预防性功能 保障铁路安全运行

——最高检、国铁集团召开铁路沿线安全环境治理检企联动工作交流会暨检察公益诉讼典型案例发布会

闫晶晶*

为深入贯彻习近平总书记关于铁路安全的重要指示批示精神，落实党中央、国务院关于加强铁路沿线安全环境治理的重要部署，推动落实最高人民检察院办公厅和中国国家铁路集团有限公司办公厅联合印发的《关于加大铁路外部环境安全检察公益诉讼办案力度强化铁路安全法治保障的通知》要求，总结 2024 年铁路沿线安全环境治理检察公益诉讼工作，部署 2025 年工作，经批准，最高检公益诉讼检察厅会同国铁集团安全监督管理局、企业管理和法律事务部于 1 月 17 日上午召开铁路沿线安全环境治理检企联动工作交流会暨检察公益诉讼典型案例发布会。会议由北京市人民检察院铁路运输分院（北京市人民检察院第四分院）承办。会议有关情况如下：

参加这次会议的有北京、河北、内蒙古、辽宁、浙江、安徽、福建、湖南、广西、贵州等省级人民检察院公益诉讼检察部门的负责人，北京、哈尔滨、上海、南昌、济南、郑州、广州、成都、昆明、西安、太原铁路运输检察分院领导，北京铁路运输检察院、贵州省第一地区人民检察院（贵阳铁路运输检察院）检察长，以及北京、哈尔滨、郑州、西安、济南、上海、南昌、广州、成都、昆明铁路局集团公司有

---

* 闫晶晶，检察日报社记者。

关领导和部门负责人。最高检公益诉讼检察厅徐向春厅长、徐全兵副厅长和第四办案组同志参会，同时邀请了政治部干部二部丁旭涛部长、殷晓霞处长参会；国铁集团安监局李广渊局长，企法部田世刚主任、张美厚副主任参会。会议由徐全兵副厅长主持。

会议首先发布北京市人民检察院第四分院督促整治京沪沿线高大林木危害铁路运行安全行政公益诉讼案等10件典型案例。典型案例采用播放PPT和视频的方式，直观生动地展现各办案单位的办案过程和效果。案例涵盖公跨铁危桥、燃气管道违法下穿铁路线路高危安全隐患，储存危险化学品安全监管类隐患，飘浮物、危树异物侵限或违法侵占类安全隐患等类型；涉及京广铁路、京沪铁路、沪昆铁路等多条国家交通“大动脉”以及贵广高铁、阜淮铁路、胶济客专沿线、林密线铁路等铁路干线，体现公益诉讼检察在推动铁路高质量发展、高水平安全方面的担当作为。

经验介绍和座谈交流环节，中国铁路哈尔滨局集团公司安监室主任常玉峰、广州局集团公司安监室主任陈恺、成都局集团公司总法律顾问余成新、北京市检察院第四分院检察长刘惠、安徽省检察院公益诉讼检察部主任徐芳、贵州省第一地区检察院（贵阳铁路运输检察院）检察长韦达鸾分别代表各自单位作经验介绍；西安铁路局集团公司安全总监鲁耀峰、河北省检察院公益诉讼检察部副主任孟娜、太原铁检分院检察长郑黎明作交流发言。随后，政治部干部二部丁旭涛部长谈了参会感受，并就当前如何充分发挥铁检机关作用和下一步铁检改革发表意见。

此次会议，国铁集团安全监督管理局李广渊局长，企业管理和法律事务部田世刚主任分别讲话，最高检公益诉讼检察厅徐向春厅长作总结。田世刚主任认为，长期以来，最高检对铁路工作高度重视，无论是以前的铁路运输检察厅还是现在的公益诉讼检察厅，还是各地方检察机关及铁路检察机关都给予铁路工作大力支持。检企双方加强协调联动，同向发力，综合施策，持续探索检企共建、共保铁路安全的有效途径。在公益诉讼检察厅的积极推动下，创造性地采取了铁路沿线环境安全检察公益诉讼的新举措，有效地将检察机关的法律监督权、行政机关的行政执法权、审判机关的司法裁判权结合起来，形成维护铁路沿线环境安全的强大法治合力，为保障铁路沿线环境安全稳定发挥了重要作用。2024 年最高检与国铁集团联合印发《关于加大铁路外部环境安全检察公益诉讼办案力度强化铁路安全法治保障的通知》，建立了检企共建安全治理的长效机制，形成了全国范围内检察系统和铁路系统整体联动、共保铁路沿线环境安全的良好工作格局。这是最高检和国铁集团学习贯彻习近平法治思想在铁路安全领域的重要实践，是安全依法治理方式的重大创新，是检企合作共商共建共治的重要成果，对于转变铁路安全治理方式、构建现代化铁路安全保障体系、深化安全依法治理，推进平安铁路建设和平安中国建设，具有重要而深远的意义。铁路企法系统是国家铁路企业管理和法治建设的重要职能部门，在坚持依法管理安全、深化安全依法治理等方面肩负着重大责任。要进一步提高政治站位，以习近平总书记对铁路沿线环境安全的重要批示精神为根本遵循，进一步增强安全工作的责任感紧迫感，积极运用法治思维和法治方式，推动铁路沿线安全环境依法治理工作不断走深走实、见行见效；要主动担当作为，主动与检察机关密切协作配合，全面排查铁路沿线环境安全隐患，及时发现处理问题线索，更好地发挥检察公益诉讼的法治优势，有效消除铁路安全隐患；要用好检企共建实践成果，发挥典型案例示范引领作用，广泛开展案例学习宣传，积极创新工作方式方法，推动安全治理始终沿着法治轨道高效运行；要充分发挥铁路企法队伍的骨干作用，用好检企共建工作机制，与检察队伍形成合力，深入推进安全依法治理，为确保铁路大动脉安全畅通、有力维护人民群众生命财产安全贡献力量。

李广渊局长认为，2024 年最高检与国铁集团联合发文并召开工作推进会，推动检企联动工作机制向常态化、制度化迈出了更加坚实的一步。一年来检企联动工作再次取得丰硕成果，在各级检察机关和铁路单位的共同努力下，一大批危险性大、成因复杂、资金需求大的重点难点隐患得以彻底治理。各级检察机关在运用法律监督手段推进铁路安全环境重点难点隐患治理过程中，站位高、行动快、作风实、效果好，值得广大铁路干部职工认真学习。并对下一步工作，提出三点意见：一是进一步提高政治站位，切实增强确保铁路运输安全的责任感和使命感，坚定不移抓好铁路安全环境治理工作，以实际行动践行“两个维护”；二是坚持底线思维，强化风险意识，持续加大铁路沿线安全环境重点问题整治力度，始终聚焦铁路沿线安全环境关键区域、重点部位，通过检察公益诉讼等有力手段，推动解决高危问题、难点问题；三是坚持依法治理，加强机制建设，全面提升铁路安全环境治理能力，着眼于建制度、固根本、管长远，不断提高检企共建的质量和水平。

徐向春厅长在总结讲话中提出，最高检党组高度重视铁路安全工作，自2024年3月以来，全国各级检察机关积极稳妥、精准规范开展铁路沿线安全检察公益诉讼工作，立案1104件，制发检察建议608份，督促消除安全隐患4387处、取得明显成效。发布的10件铁路沿线安全环境治理检察公益诉讼典型案例，是检察机关与铁路企业密切协作配合，高质效办好铁路沿线安全公益诉讼案件的生动缩影，也是双方为推进平安铁路、平安中国建设提供有力法治保障的成果，对于进一步规范和引导各级检察机关办理该领域公益诉讼案件具有示范作用，也可以通过以案释法，增进社会各界对维护铁路安全、加强公益保护的关注度和认同感。并对下一步工作提出三点建议：提高政治站位，以高度的政治责任感和历史使命感，为铁路沿线安全环境治理提供有力法治保障；坚持精准规范，践行“高质效办好每一个案件”基本价值追求，推动铁路沿线安全环境治理取得实效；深化协同配合，凝聚铁路沿线安全环境治理工作合力，共同开创新时期检企共建新局面。

回家过年！检察机关“益”路守护

——最高检公益诉讼检察厅负责人就铁路沿线安全环境治理检察公益诉讼典型案例答记者问

闫晶晶 *

春运承载着亿万人民群众回家团圆的热切期盼。1月14日，2025年春运已正式启动。17日上午，最高人民检察院与中国国家铁路集团有限公司共同发布铁路沿线安全环境治理检察公益诉讼典型案例，一批影响铁路运行安全的问题得到解决，最高检公益诉讼检察厅负责人就典型案例回应了社会关切。

问：正值春运期间，发布这批铁路沿线安全环境治理检察公益诉讼典型案例有什么背景？

答：铁路安全是总体国家安全的重要组成部分。做好铁路沿线安全环境治理工作，对于促进铁路安全，服务铁路高质量发展，保障人民群众生命财产具有重要意义。为深入贯彻落实习近平总书记对铁路工作的重要指示批示精神和党中央、国务院关于加强铁路安全的决策部署，最高人民检察院办公厅、中国国家铁路集团有限公司办公厅联合印发《关于加大铁路外部环境安全检察公益诉讼办案力度强化铁路安全法治保障的通知》，并联合召开检企联动电视电话推进会，要求检察机关扎实推进铁路沿线安全环境治理检察公益诉讼工作，助力维护铁路安全稳定、保障人民安全出行。

铁路安全隐患大多成因复杂，持续时间长、整改难度大、资金投入大，涉及责任主体跨领域、跨区划、跨层级，监管错综复杂、需要

---

* 闫晶晶，检察日报社记者。

各方合力攻坚。检察机关与铁路运输企业协作联动，通过建立健全线索移送、联合整治、信息共享、专业支持等机制，充分发挥公益诉讼检察推进国家治理现代化的独特价值。通过一体化办案，跨区划联动，加强铁路检察、地方检察、军事检察机关联动，推动消除了一批铁路沿线重大安全隐患。一年来，全国检察机关共办理铁路沿线安全环境治理检察公益诉讼案件1104件、制发检察建议608份，督促消除安全隐患4387处，经最高人民检察院与中国国家铁路集团有限公司多轮筛选，共评选出10个典型案例予以公布。

此次发布的北京市人民检察院第四分院督促整治京沪沿线高大林木危害铁路运行安全行政公益诉讼案等10件典型案例，涵盖公跨铁路危桥、燃气管道违法下穿铁路线路高危安全隐患；储存危险化学品安全监管类隐患；飘浮物、危树异物侵限、违法侵占类安全隐患等类型，涉及京广铁路、京沪铁路、沪昆铁路等多条国家交通“大动脉”以及贵广高铁、阜淮铁路、胶济客专沿线、林密线铁路等铁路干线，体现检察机关为大局服务，在推动铁路高质量发展、高水平安全方面展现担当作为。

问：这批发布的铁路沿线安全环境治理检察公益诉讼典型案例有哪些特点？

答：这批案例主要有三个“突出”特点：

一是突出重大安全隐患，推动一批深层次问题的解决。铁路沿线漫长广阔，责任主体多元，隐患成因复杂，造成部分安全隐患具有持续时间长、整治过程难的特点。本批发布的案例中就包含公跨铁路危桥、燃气管道违法下穿铁路线路、储存危险化学品等重大安全隐患的整治。上述隐患整治是当前铁路沿线安全环境治理的热点、难点和痛点，也成为困扰铁路和地方的“老大难”问题。案例5安徽省凤台县人民检察院、合肥铁路运输检察院督促整治阜淮铁路沿线违建加油站危害铁路运行安全行政公益诉讼案，案例6浙江省余姚市人民检察院、杭州铁路运输检察院督促整治杭甬高铁天然气管道违规穿越车站咽喉区危害高铁运行安全行政公益诉讼案和案例 8 衡阳铁路运输检察院督促整治京广铁路湖南省永兴县公跨铁危桥危害铁路运行安全行政公益诉讼案都是针对上述重大安全隐患，检察机关充分发挥公益诉讼督促、协同职能，通过圆桌会议、公开听证和检察建议等方式推动“硬骨头”问题解决。

二是突出一体化、跨区划优势，形成整治合力。铁路沿线安全隐患具有点多、线长、面广的特点，需要多领域、跨区划、不同层级的监管主体齐抓共管。检察一体化履职、跨区划办案是检察机关的独特优势。本批发布的案例中，检察机关既有上下协同履职形成检察合力，也有督促多部门共同履职，凝聚多方整治合力的。案例 1 北京市人民检察院第四分院督促整治京沪沿线高大林木危害铁路运行安全行政公益诉讼案中，检察机关督促路地双方建立长效治理机制，构建“大保护”格局。案例 3 山东省人民检察院铁路运输分院督促整治胶济客专沿线通信铁塔超高危害铁路运行安全行政公益诉讼案中，检察机关在省检察院统筹下，两级铁检院上下一体，形成监督合力。案例 4 广西壮族自治区人民检察院南宁铁路运输分院督促整治贵广高铁沿线地质灾害隐患危害铁路运行安全行政公益诉讼案中，检察机关有效发挥联合会议和“检监企”共建平台作用，形成多方发力，齐抓共管。

三是突出预防性公益诉讼职能作用，有效防范化解重大风险隐患。本批发布的典型案例都是预防性公益诉讼。从“治已病”向“治未病”拓展，这是公益诉讼制度的创新探索。检察机关充分发挥公益诉讼预防性功能，协同铁路运输企业及时有效发现铁路沿线安全隐患，强化监督效果，用更小的治理成本实现更精准的风险防控。

问：检察机关同铁路运输企业在保障铁路沿线安全环境治理上有哪些好的做法，形成了哪些好的经验？

答：一是强化检企协作。建立健全线索研判、案件会商、专业支持等机制。铁路部门梳理案件线索，定期移送检察机关。本批发布案例中，有6个案例的线索就来源于铁路运输企业。同时，针对风险隐患认定专业性强等问题，由铁路运输企业及时提供技术支持。案例4广西壮族自治区人民检察院南宁铁路运输分院督促整治贵广高铁沿线地质灾害隐患危害铁路运行安全行政公益诉讼案中，检察机关积极探索利用铁路专业技术评估解决重大风险隐患认定难、整治标准不一等问题。

二是强化源头治理。检察机关在办理铁路沿线安全环境治理公益诉讼案件中，助推路地协作，争取地方党委、政府支持，凝聚整改合力，提升办案效果，以个案办理推动专项整治，以高质效办案助力铁路沿线安全环境源头治理、系统治理和综合治理。案例2江西省人民检察院南昌铁路运输分院督促整治沪昆铁路线路安全保护区连片违占违建行政公益诉讼案，案例5安徽省凤台县人民检察院合肥铁路运输检察院督促整治阜淮铁路沿线违建加油站危害铁路运行安全行政公益诉讼案和案例8衡阳铁路运输检察院督促整治京广铁路湖南省永兴县公跨铁危桥危害铁路运行安全行政公益诉讼案中，检察机关均在个案办理的基础上推动属地政府开展专项治理消除辖区铁路沿线安全隐患，实现了“一案”到“一地”的良好效果。

三是强化机制创新。在案件办理中，检察机关通过机制创新助力案件高质效办理，助力铁路安全生产持续稳定向好。案例2江西省人民检察院南昌铁路运输分院督促整治沪昆铁路线路安全保护区连片违占违建行政公益诉讼案中，铁路检察机关探索建立“双段长+双检察长”协作机制，通过法治手段为保障铁路安全发展注入新动能；案例4广西壮族自治区人民检察院南宁铁路运输分院督促整治贵广高铁沿线地质灾害隐患危害铁路运行安全行政公益诉讼案中，检察机关邀请铁路专业人员通过无人机倾斜摄影形成三维模型发现隐患点；案例8衡阳铁路运输检察院督促整治京广铁路湖南省永兴县公跨铁危桥危害铁路运行安全行政公益诉讼案中，铁路检察机关在办案中路地、军地监管部门协同共治，实现“双向奔赴”。

问：办理铁路沿线安全环境公益诉讼案件与其他类型公益诉讼案件有何不同？

答：第一，更明显的跨区划、多元化特点。中国是铁路大国，铁路运营总里程达16.2万余公里，铁路线路跨区划决定涉铁公益诉讼监督跨区划与多元化。

第二，违法行为更具隐蔽性，现实整改更具紧迫性。铁路沿线安全环境问题发现难，并且铁路运营是系统的、整体的，牵一发而动全身，所以导致一般风险等级的安全隐患，都可能造成较大的损失，现实整改具有紧迫性。

第三，问题整改专业性强、难度大、资金需求多。涉及众多行业技术标准和规范，对铁路专业知识和专业人员依赖度高。

问：我们注意到，本批发布案例中，有一件行政公益诉讼起诉案件，该案有什么值得关注的特点和意义？

答：铁路沿线安全环境问题通常呈现成因复杂、治理难度大、责任主体多元等特点，难以推动整改。贵州省六盘水市钟山区人民检察院督促整治铁路线路保护区违法占地经营行政公益诉讼案中，涉案的农贸市场系20世纪80年代，沿线群众为生活方便，自发在铁路保护区内形成的。市场内商贩乱搭乱建、占道经营，近千群众聚集赶集，随意穿行铁路，曾发生严重碰撞事故2起、防伤停车事件88次，存在着严重铁路安全隐患。铁路部门多次协调、人大代表多次建议，但因市场形成时间长、辐射面广，同时涉及市场选址、搬迁、群众工作等问题，一直未能解决。铁路运输企业将线索移送检察机关后，检察机关依法向负有监督管理职责的属地政府制发检察建议，在检察建议未能推动整改的情况下，坚决以“诉”的确认体现司法价值引领，实现以“诉”促“治”，推动重新选址建设农贸市场，搬迁后的农贸市场整洁、规范、有序，赶集人数大幅度增加，既解决了铁路安全隐患，又兼顾了民生需求，留住了群众的“人间烟火味”。

问：下一步检察机关如何促进铁路沿线安全环境依法治理取得更大成效？

答：下一步，我们将持续深入贯彻落实习近平总书记对铁路工作的重要指示批示精神和党中央、国务院关于加强铁路安全的决策部署，助推检企合作新发展格局，实现更高层次、更高水平、更高标准合作，充分发挥公益诉讼检察职能，以高质效办案助推铁路沿线安全环境问题系统整治，强化铁路安全法治保障。

一是进一步深化检企合作。推动各地建立健全责任明确、制度健全、运转高效的铁路安全环境隐患预防管控和排查治理工作协调机制，深化检企、路地线索移送、调查取证、信息共享、技术协作等合作。

二是进一步做实精准监督。精准、规范办理铁路沿线安全环境公益诉讼案件，综合运用调查取证、磋商、听证、检察建议等各类办案手段，创新运用大数据监督模型，推动各类问题动态清零的常态化监督与治理。

三是进一步推动系统治理。坚持系统思维，以个案办理推动类案监督，实现综合治理，复制推广各地好的经验、做法，如“双段长+双检察长”工作制，推动铁路沿线环境安全问题的系统治理、综合治理，实现铁路沿线环境向“安、畅、绿、美、好”转型提质。

典型案例

DIANXING ANLI

最高人民检察院　中国国家铁路集团有限公司关于印发铁路沿线安全环境治理检察公益诉讼典型案例的通知

各省、自治区、直辖市人民检察院，解放军军事检察院，新疆生产建设兵团人民检察院，各铁路局集团公司：

为深入贯彻习近平总书记关于铁路安全的重要指示批示精神，落实党中央、国务院关于加强铁路沿线安全环境治理的重要部署，最高人民检察院、中国国家铁路集团有限公司密切协作，充分发挥检察公益诉讼法治优势，强化铁路安全依法治理，切实维护铁路安全稳定，保障人民安全出行。为及时总结经验做法，发挥典型案例示范引领作用，推动铁路沿线安全环境治理进一步深化，最高人民检察院、中国国家铁路集团有限公司共同选编了10件铁路沿线安全环境治理检察公益诉讼典型案例，现印发你们，供参考。

最高人民检察院　中国国家铁路集团有限公司

2025年1月16日

附：

目　录

北京市人民检察院第四分院督促整治京沪沿线高大林木危害铁路运行安全行政公益诉讼案

【关键词】

行政公益诉讼　铁路沿线高大林木　修剪标准　跟进监督　检察建议

【要旨】

针对铁路沿线树木隐患涉及责任主体层级多、职能部门多、利益群体多的复杂问题，检察机关依法精准确定被监督对象，既保证运行安全又兼顾绿植美观，并推动明确铁路沿线树木修剪标准，督促路地建立长效联合巡查机制。

【基本案情】

京沪铁路是国家Ⅰ级双线电气化铁路繁忙干线，是南北铁路交通大动脉之一，日均通行客、货列车 148 对，良好地服务京津冀协同发展，加强了京津冀与长三角地区的联系流动，构建了支撑东部发展的经济走廊。2023 年 5 月 15 日，北京市人民检察院第四分院（以下简称北京四分院）在履职中得知京沪线北京站至北京南站间 K8+200 处线路北侧，发生一起因周边林木搭接接触网 196# 杆回流线造成跳闸，导致南站部分列车限速运行事件。北京四分院经初查后发现：京沪线该区段林木基数大，主要位于铁路线路安全保护区内及邻近区域，林木紧邻铁路护栏外侧，最近的树冠距离供电设备仅 0.5 米，存在危及铁路供电和行车安全的重大风险隐患。

【调查和督促履职】

2023年5月23日，北京四分院受理行政公益诉讼案件线索。鉴于此类隐患整改范围涉及多个街道，区园林绿化、城市管理等多个部门均有相应职责。北京四分院依据《铁路安全管理条例》第4条及相关规定，综合评估各行政机关监管职责、履职情况以及开展公共利益保护的有效性等因素，确定以属地区政府为监督对象。同年6月2日立案，经调查后制发检察建议，建议该区政府及时对辖区内影响铁路运行安全的林木进行清理处置，采取预防措施消除铁路沿线安全隐患。

该区政府收到检察建议后，确定由区城管委牵头区园林绿化局、多个街道办事处共同落实辖区内铁路沿线高大树木整治工作，并于2023年8月3日书面回复整改落实情况。为确保整改工作真正落地见效，同年8月11日，北京四分院组织北京市人大代表、“益心为公”专家志愿者会同区园林、城管、街道等相关单位开展现场评估验收并召开成效评估会。会上，与会专家对区政府现有整改工作成效予以肯定，并就“摸清铁路沿线高大林木底数，消除地方与铁路企业就铁路沿线林木安全标准认识分歧，建立长治长效的日常沟通协作机制”提出进一步深化整治的意见。为实现有效整改，北京四分院提出“摸清底数、建立台账、统一标准、建立机制”的工作意见：督促地方政府与铁路企业共同对铁路沿线林木数量和权属等情况进行完整统计，形成台账，确保底数清、情况明；在“保证安全，兼顾美观”原则的基础上尽快达成林木修剪标准；建立工作协调长效机制，确保铁路、属地街道、园林绿化等单位沟通渠道畅通，日常、应急协调联动。

在持续跟进监督期间，北京四分院联合铁路企业和区政府相关职能部门实地走访踏勘3次，组织区园林、城管、街道以及铁路企业等多单位和部门召开推进会3次、整改评估会2次。推动路地双方共同建立了林木台账；推动区委召开专题会落实绿化提升项目资金2612万元，其中 519 万元专项用于消除铁路沿线高大林木隐患。区委常委、主管区长多次召开会议谋划整改工作，制定铁路沿线林木移植和伐除计划。截至 2024 年 8 月，该区会同铁路部门建立辖区内京沪线、京哈线、京津城际铁路沿线区域 2444 株林木台账，累计修剪危树 1504 株、伐除危树 126 株。区园林绿化局与铁路北京供电段制定《铁路沿线树木修剪标准（试行）》并签署了《区铁路沿线树木隐患专项排查整治常态化工作机制》。同时，该区在铁路沿线景观廊道建设过程中专设法治公园，增添法治元素，开展普法宣传。

2024 年 8 月 27 日，北京四分院组织开展现场验收并召开整改评估会，市人大代表、公益诉讼志愿者、国铁集团、市委平安铁路建设专项办等相关人员参加，参会人员均对整改成效给予充分肯定。8 月 30 日，北京四分院作出终结案件的决定。

【典型意义】

检察机关积极推动和引导路地双方建立铁路沿线林木隐患专项排查整治常态化工作机制，提出“安全优先、兼顾美观”的原则，推动路地双方达成既保证安全又最大限度保留树木形状结构美观的修剪标准。行政机关创新“内低外高、内灌外乔、灌草结合”治理理念，充分考虑人民群众对绿植景观和乘阴纳凉等多方面需求，通过优化或新建的方式形成既保护铁路行车安全，又具有立体多层效果的绿化带。行政机关以个案办理为契机开展铁路沿线专项整治工作，将推进依法行政与保障铁路运营安全有机融合，区政府拨付资金建设铁路沿线绿化提升项目，公益诉讼案件办理在社会治理中留下鲜明的法治痕迹。

江西省人民检察院南昌铁路运输分院督促整治沪昆铁路线路安全保护区连片违占违建行政公益诉讼案

【关键词】

行政公益诉讼　铁路安保区　连片违占违建　综合治理　检察建议

【要旨】

针对铁路线路安全保护区内连片违占违建影响列车行车安全的历史遗留“老大难”问题，检察机关加强与铁路企业的协同配合、制发检察建议、组织检察听证、专项整治以及邀请人大代表、政协委员、人民监督员参与监督办案等方式，推进铁路沿线安全环境隐患的系统治理。

【基本案情】

沪昆铁路是连接上海市和云南省昆明市的东西向铁路繁忙干线，途经上海、浙江、江西、湖南、贵州、云南五省一市，为国家Ⅰ级双线电气化铁路，也是中欧班列的重要通道，每日通行客运货运列车260余列。多年来，部分群众占用沪昆铁路上行K802+350至K803+000区段安保区内铁路用地私自搭建房屋、堆放垃圾杂物、种菜，部分房屋内放有液化气罐、油漆等易燃易爆物品，散落的塑料薄膜极易被风吹至铁路接触网，危害铁路运行安全。

【调查和督促履职】

2023年12月底，最高人民检察院将中国国家铁路集团有限公司移送的本案线索逐级交办至江西省人民检察院南昌铁路运输分院（以下简称南昌铁检分院）。南昌铁检分院于2024年2月7日立案，成立以检察长为主办检察官的办案组。在铁路沿线环境整治“双段长”制基础上，探索推行“双段长 + 检察长”办案模式，检察长协同铁路段长、地方段长共同踏勘现场，并通过上门走访、询问相关人员、开展磋商等方式调查核实，查明：24 户居民占用铁路用地在沪昆铁路 K802+350 至 K803+000 区段安保区内紧邻铁路栅栏建造了 1959 平方米建筑物，部分群众占用铁路用地种菜、堆放垃圾杂物。部分房屋内存在有液化气罐、油漆等易燃易爆物品，部分房屋屋顶的彩钢瓦未加固，地上散落有塑料袋、塑料薄膜等物品，存在易引发火灾，彩钢瓦、塑料袋被大风吹至铁路等隐患，危害铁路运输安全。中国铁路南昌局集团有限公司南昌工务段（以下简称南昌工务段）发现上述问题后，曾致函丰城市人民政府并与相关部门多次沟通，请求依法拆除违建、清理违占，消除行车隐患。因部分违建存续长达 10 余年，涉及群众 20 余户，部分群众对拆除违建房屋抵触情绪大，安全隐患问题迟迟难以解决。

依据《铁路安全管理条例》第四条、《江西省铁路安全管理条例》第六条规定，丰城市人民政府负有铁路护路联防职责。3 月 13 日，南昌铁检分院向该县政府宣告送达检察建议，建议其组织相关部门消除案涉铁路运输安全隐患，在辖内集中开展铁路沿线安全环境问题排查治理。

检察建议制发后，为确保隐患治理工作规范、科学且不影响列车运行秩序，南昌铁检分院推动丰城市人民政府及铁路南昌局集团公司安监、工务、土房、企法等部门召开整改方案论证会，明确由路地双方协同推进整改，丰城市人民政府做好群众工作并组织有关部门依法拆除安保区内违建、清理违占，铁路方面全力配合并在铁路用地范围内的安保区红线处加装围栏。

丰城市人民政府高度重视，立即成立整治工作小组，由交通部门牵头会同城管、自然资源、属地街道办等开展整改整治，先后共投入资金20余万元、机械车辆40余台、160余人次，将案涉24户1959平方米违建全部拆除、垃圾杂物全部清理，并按期进行书面回复。期间，南昌工务段密切配合，每日派专人在现场进行安全防控，协同开展铁路安全普法宣传、清理清运建筑垃圾，并同步修建围栏、围墙700米。

2024年6月24日，南昌铁检分院协同南昌工务段通过无人机拍摄录像、走访现场等方式核实整改情况，并于7月19日由检察长主持召开听证会对整改效果进行评估，省人大代表、省政协委员、人民监督员等5位听证会员及铁路南昌局集团公司受邀参与听证。听证会上，听证员一致认为整改工作取得显著成效，铁路南昌局集团公司对整改效果及专项治理成效予以肯定。同年8月6日，南昌铁检分院作出终结案件的决定。

为进一步提升办案成效，南昌铁检分院在个案办理的基础上，推动丰城市人民政府研究制定《铁路沿线安全环境治理专项整治方案》开展专项治理，先后治理辖内张塘、京九等铁路沿线安全环境隐患26处。同时南昌铁检分院与铁路南昌局集团公司联合开展“益路同行 山水同安”共护中欧班列安全畅通专项活动，治理铁路沿线安全环境隐患60余处，更好服务保障共建“一带一路”。

【典型意义】

铁路安保区连片违建违占多源于历史遗留问题，成因复杂，涉及面广，整改难度大。检察机关积极践行预防性司法理念，与铁路企业密切协作，共同开展现场勘查、方案研商、效果评估、法治宣传等工作，并邀请人大代表、政协委员、人民监督员参与监督办案，有效架起沟通桥梁、凝聚整改合力。在个案办理的同时，推动属地政府开展铁路沿线安全环境系统治理，从源头上消除铁路运输安全隐患，切实维护人民群众生命和财产安全。

山东省人民检察院铁路运输分院督促整治胶济客专沿线通信铁塔超高危害铁路运行安全行政公益诉讼案

【关键词】

行政公益诉讼　通信铁塔超高　一体化办案　类案整治　检察建议

【要旨】

针对铁路沿线通信铁塔倒杆距离不符合规定，危及铁路运行安全，以及案涉利益主体多、监管行政机关层级高的问题，省级检察机关统一指挥，两级铁路检察机关充分发挥跨行政区划职能作用，运用一体化办案机制，督促行政机关依法履行监管职责，同时推动系统解决同类安全隐患。

【基本案情】

胶济客专是我国开通运行较早的客运专线，横跨济南、淄博、潍坊、青岛四市，与济青高铁、京沪高铁、青荣城际等多条线路实现互联互通，是全国“八纵八横”高速铁路网的重要组成部分。位于济南、淄博两市的胶济客专下行 K293+300、K310+480 等 7 处沿线地方通信铁塔高度超限，一旦倒伏侵入铁路安全界限可能导致与列车碰撞事故，严重危及铁路和旅客生命财产安全。由于通信铁塔牵涉利益主体多，产权单位既有国有企业又有民营企业，同时铁路安全保护区施工技术要求特殊，整改难度大，相关安全隐患长期未得到有效解决。

【调查和督促履职】

2024 年 4 月，山东省人民检察院铁路运输分院（以下简称铁检分院）、青岛铁路运输检察院（以下简称青岛铁检院）到辖区铁路站段开展铁路沿线安全隐患专题调研时，发现上述7处通信铁塔安全隐患线索。中国铁路济南局集团有限公司淄博工务段（以下简称淄博工务段）先后多次向铁塔产权单位发函要求整改，均未果。两级铁路检察机关（以下简称铁检机关）经初步现场勘查，线上线下调取行政机关权责清单，分别与山东省通信管理局和属地信息通信发展办公室座谈交流，依据《铁路安全管理条例》第四条有关规定，最终明确被监督行政机关为省级通信管理部门，所在地市信息通信发展办公室为协助履职单位，非独立行政主体。

因该案行政监管机关为省级单位，经层报山东省人民检察院指定管辖，铁检分院于2024年6月24日依法立案，成立检察长为主办检察官的办案组，运用上下一体化办案机制，既充分发挥基层院属地优势，主要承担案件的调查取证等工作，又发挥上级院沟通协调作用，联系对接行政监管机关，形成上下一体办案的有效工作合力。办案组先后6次前往现场实地勘察，聘请技术人员现场测量评定，听取铁路企业及铁塔产权单位意见，询问相关知情人员，及时固定证据。与行政监管机关、铁塔产权单位、铁塔使用单位等座谈沟通4次，厘清案涉各单位的整改责任。

2024年7月2日，铁检分院向山东省通信管理局制发检察建议，督促其采取有效措施消除安全隐患，确保通信铁塔高度和稳定度均符合规定要求，并对辖区内其他通信铁塔开展排查和统一整改，彻底杜绝安全隐患。同时督促其严格落实安全生产监管责任，定期开展安全隐患巡查，明确责任单位定期检修养护。

山东省通信管理局收到检察建议后，立即召开专题工作会议，研究整改落实措施，筹措整改资金130余万元，制定整改实施方案，对淄博市5处通信铁塔予以原地降高，对济南市2处通信铁塔予以异地迁移。工作整改期间，山东铁检机关积极帮助路地双方协调解决施工中的瓶颈问题，铁检分院协调铁路企业提供合理天窗时间，并赴现场督促整改，帮助确定合理施工路径和作业方法；青岛铁检院针对超限作业车辆损毁农田情况，有理有据协调赔偿数额，耐心细致释法说理。8 月 27 日，山东省通信管理局作出书面回复，全部采纳检察建议并完成整改。8 月 29 日，铁检分院组织省通信管理局、省环治办、淄博工务段、益心为公志愿者等到现场察看验收，认定通信铁塔整改达标，各方对铁检机关工作推进力度和行政机关整改成效予以肯定。8 月 30 日，铁检分院作出终结案件决定。

铁检分院以办理该案为契机，与山东省通信管理局建立信息沟通协调机制，在省内联合开展铁路沿线通信铁塔安全隐患排查整治行动，推动类案整治，彻底消除安全隐患，维护铁路运营安全。2024 年以来山东铁检机关另督促整治相关问题隐患 9 处。山东省通信管理局要求各市通信发展办公室、各基础电信企业强化与铁路单位的协作配合，持续加强对铁路沿线通信铁塔等工程项目的监督检查，巩固扩大整改成果。

【典型意义】

“交通强国，铁路先行”与“网络强国、数字中国”均为国家级战略，统筹协调好两者关系考验检察机关的担当和智慧。铁检机关发挥跨行政区划职能优势，运用上下一体化办案机制，形成有效监督合力。办案中牢牢把握行政公益诉讼“督促之诉、协同之诉”的职能定位，积极搭建检察机关、行政机关、铁路企业协同共治平台，消除信息和行业壁垒，督促行政机关依法履职，帮助协调解决瓶颈问题，及时消除铁路沿线安全隐患。同时，以个案办理推动类案治理，通过专项排查整治推动构建路地协同、共建共享、护航铁路安全工作大格局。

广西壮族自治区人民检察院南宁铁路运输分院督促整治贵广高铁沿线地质灾害隐患危害铁路运行安全行政公益诉讼案

【关键词】

行政公益诉讼　高铁运行安全　地质灾害隐患　“检监企”协作配合　检察建议

【要旨】

针对铁路沿线泥石流等地质灾害隐患危害高铁运行安全问题，检察机关可以通过构建三维模型展示现场破坏程度及可能造成损害后果，促使行政机关充分认识铁路安全风险隐患，以公益诉讼办案协同推动隐患消除，健全完善“检监企”协作配合机制。

【基本案情】

贵广高铁是连接我国西南、华南地区的高铁大通道，也是“八纵八横”高速铁路网兰州（西宁）至广州通道的重要组成部分，运行时速 300 千米每小时，在促进西南与华南地区往来交流、推动成渝地区双城经济圈和粤港澳大湾区高质量发展中具有重要意义。2023 年 12 月，铁路企业发现广西贺州市平桂区有关部门未与其协商和签订安全协议，对贵广高铁 K591+227 至 +500 下行路堑栅栏外 2 米至 150 米山坡上的松树进行砍伐，沿线村民使用勾机刨根松土，坡面斜度大且裸露面积广，遇强降雨易发泥石流隐患，影响行车安全。2024 年 1 月以来，中国铁路南宁局集团有限公司桂林高铁基础设施段（以下简称桂林高铁段）对接、发函贺州市平桂区人民政府（以下简称平桂区政府）及有关职能部门协调解决，但进展缓慢，只临时采取实时监控等措施进行管控。至2月底，山坡地表裸露面积进一步扩大至40000平方米，覆盖铁路安全保护区内外，局部裸露坡面正对线路、涵洞汇水面积超上万平方米，坡比1:1至1:1.8，表层土壤松散软，致使该区段日通行的82对高铁动车面临溜坍滑坡、泥石流侵入铁路线路的重大安全隐患。

【调查和督促履职】

2024年2月，根据“益心为公”志愿者提报线索，广西壮族自治区人民检察院南宁铁路运输分院（以下简称南宁铁检分院）会同广州铁路监督管理局（以下简称广州监管局）、中国铁路南宁局集团有限公司（以下简称国铁南宁局）、平桂区政府和桂林高铁段等单位实地查看现场，并于3月15日以行政公益诉讼立案。经向属地政府和铁路企业调取有关书证、询问有关人员、向铁路专业人员、“益心为公”志愿者和特邀检察官助理咨询专业问题，同时使用无人机倾斜摄影方式对现场进行详细扫描，形成三维模型，查明因贵广高铁该区间的山坡被伐树松土，表土松散软，2个排水沟、下穿排水涵洞被部分树干树枝以及泥土滑坡堆积覆盖堵塞，3处裸露边坡上部已现部分土质塌方，极易吸水饱和引发泥石流等地质灾害造成行车事故。根据《中华人民共和国铁路法》第七条、第四十五条，《铁路安全管理条例》第四条、第三十条等规定，属地区政府负有整治铁路线路两侧地界以外的山坡地水土保持问题、协助铁路运输企业保证铁路运输安全畅通等职责。为及时推动问题隐患整改，发挥地方政府组织领导、统筹协调职能，南宁铁检分院遂于3月20日向该区政府制发检察建议，督促其依法全面履行铁路护路联防职责，防范和制止危害铁路安全的行为，尽快采取有效措施消除隐患。同时将检察建议抄送贺州市人民政府，争取上级行政机关支持与帮助。

该区政府收到检察建议后高度重视，立即制定和实施应急方案，投入近百万元清理枯木枯枝51车、浮土约30000平方米、修建排水沟 5 条，树立钢木防护栏和缓冲带 5 处，边坡播撒草种、植树复绿面积 7000 平方米，与铁路企业建立 24 小时驻点巡守制度，汛期期间派出 200 余人次重点巡查，确保安全度过汛期。南宁铁检分院收到检察建议回复后，依法跟进监督，组织广州监管局、铁路企业等前往现场对阶段性应急整治工作成效进行评估，并督促其进一步采取永久性措施彻底解决隐患风险。9 月底，该区政府在冲沟汇水处修建了一座总长度 35 米、高 5 米的混凝土拦砂坝。同时，加大普法宣传力度，在重点地段悬挂横幅标语、派出宣传车巡回宣传，不断提升沿线群众的铁路安全意识。经聘请的铁路、水土保持和地质等方面专家进行评估和铁路单位验收以及南宁铁检分院再次前往现场进行勘验，综合各方面意见，认为隐患确已消除，国家利益和社会公共利益得到有效保护，于同年 11 月终结案件。

南宁铁检分院以办理该案为契机，依托“检监企共建”平台，与广州监管局、国铁南宁局进一步完善《关于建立公益诉讼协作配合机制共同守护铁路安全的意见》，建立健全线索移送、协同行动、评估验收等多项工作机制。机制建立以来，三方协同开展了多个专项整治，推动解决广西高、普铁各类隐患 90 余处，保障了铁路运输安全畅通。

【典型意义】

铁路沿线施工活动造成的地质灾害隐患在广西等南方地区尤为突出，曾引发事故，对铁路安全构成严重威胁。检察机关有效发挥省际联席会议制度和“检监企”共建平台的作用，进一步健全检察机关与铁路监管部门、铁路运输企业协同履职长效机制，形成多方发力、齐抓共管的铁路沿线安全环境综合治理格局。积极探索将铁路单位对隐患的认定及专业评估验收意见作为立案和结案的重要参考，有效解决检察机关对安全生产重大风险隐患认定难导致立案依据不足、结案标准不统一等问题。

安徽省凤台县人民检察院　合肥铁路运输检察院督促整治阜淮铁路沿线违建加油站危害铁路运行安全行政公益诉讼案

【关键词】

行政公益诉讼　危化品监管　路地协作　公开听证　检察建议

【要旨】

针对擅自侵占铁路用地建设并经营加油站，危害铁路运输环境安全情形，检察机关通过召开公开听证会、制发检察建议、持续跟进监督等方式，凝聚路地各方力量，合力推进铁路沿线安全隐患整治，切实保障铁路运营安全。

【基本案情】

阜淮铁路是国铁I级线路，其列车最高时速120千米每小时，日发旅客列车20.5对以及货运列车66对，对连通皖西北和长三角地区、加强区域交通联系、推动经济发展具有重要作用。位于安徽省凤台县凤凰镇境内的某柴油加油站距离阜淮线下行K84+978下行线外侧15米，日常销售、存储柴油等易燃、易爆危险化学品，对铁路安全造成严重隐患。

【调查和督促履职】

2024年初，最高人民检察院将中国国家铁路集团有限公司移交的本案线索逐级交办至安徽省凤台县人民检察院（以下简称凤台县检察院），该院初步调查后于同年1月5日以行政公益诉讼立案。经与合肥铁路运输检察院（以下简称合肥铁检院）联合开展实地勘验、走访询问及专家评估等方式查明，案涉加油站自2020年以来不断扩大占地面积，建有加油站棚254.3平方米，地下储油罐175.7平方米，两处自建房合计220.7平方米及加油机3台。该加油站修建时未征求铁路监管部门意见，未履行规划审批手续，亦未取得危险化学品经营许可证。加油站彩钢瓦围栏距离铁路路基坡脚8.3米，地下储油罐距离铁路路基坡脚31.8米，加油机距离铁路路基坡脚20米，违建房屋距离铁路路基坡脚11米，均处于铁路用地范围内，对铁路沿线运营环境安全造成重大隐患。

2024年5月13日，为厘清行政机关监管职责，凤台县检察院会同合肥铁检院组织召开由凤台县自然资源和规划局（以下简称县自规局）、凤台县凤凰镇人民政府（以下简称凤凰镇政府）等单位参加的公开听证会，并邀请人大代表、政协委员和人民监督员担任听证员。经听证评议认为，针对加油站造成的铁路运营安全隐患问题，根据相关法律法规规定，应由县自规局履行对违法占用铁路用地行为的监管职责，由凤凰镇政府履行对安全生产的属地监管职责。

2024年5月16日，根据《中华人民共和国铁路法》《中华人民共和国安全生产法》《中华人民共和国土地管理法》《安徽省铁路安全管理条例》等有关规定，检察机关分别向县自规局、凤凰镇政府制发检察建议，建议县自规局责令案涉加油站停止侵占并退还违法占用土地；建议凤凰镇政府履行属地安全生产监管职责，协同县自规局做好铁路安全管理工作，落实护路联防责任。

制发检察建议后，因案涉加油站已在当地经营多年，且涉易燃易爆等危险物品场所的关停问题，整改技术要求高，推动实施难度大，凤台县检察院遂会同县自规局向县委、县政府汇报，争取工作支持。为推进整改，2024年5月22日，凤台县检察院会同合肥铁检院牵头县自规局、凤凰镇政府、县交通运输局等行政机关召开圆桌会议，并邀请危化品安全生产领域专家参加，会商制定了可行性整改方案。会后，凤台县检察院协同凤凰镇政府多次与加油站业主当面释法说理，获业主理解配合。在县自规局、凤凰镇政府及县交通运输局等相关行政机关的协力推动下，案涉加油站、地下储油罐、加油机及周边违建房屋等于同年7月10日拆除完毕。同年7月15日，县自规局、凤凰镇政府分别将整改情况书面回复检察机关。

为跟进监督整改工作成效，2024年7月31日，凤台县检察院会同合肥铁检院邀请人大代表、政协委员、铁路企业工作人员及“益心为公”志愿者现场勘查并召开公开听证会。经评估评议认为，案涉加油站及相关危险物品场所已拆除完毕，铁路沿线安全隐患已消除，现场符合铁路运营安全标准，凤台县检察院遂于同年9月9日作出终结案件的决定。

凤台县检察院以此案为契机，推动县自规局、县交通运输局、属地政府开展全县铁路沿线运营安全专项整治行动，推动行政机关出动执法人员100余人次，勘验现场25处，消除铁路安全隐患19处，有力维护了地方铁路运营安全。

【典型意义】

加油站经营的是易燃易爆的危险化学品，在储存、销售和使用过程中存在较高的安全风险。在铁路沿线违规修建加油站，是严重危及铁路运行安全的一类隐患。经营加油站利润高、监管主体多，整改难度也相对较大。检察机关加强路地协作，通过公开听证、圆桌会议方式，厘清行政机关职责，向最能推动问题解决的行政机关制发检察建议，并依托府检联动，争取地方党委、政府理解支持，凝聚整改合力，推动影响铁路运营安全“硬骨头”问题解决。同时，强化跟进监督，延伸办案效果，以个案办理推动专项整治，以高质效办案助力铁路行业综合治理，护航铁路运营高水平安全和高质量发展。

浙江省余姚市人民检察院　杭州铁路运输检察院督促整治杭甬高铁天然气管道违规穿越车站咽喉区危害高铁运行安全行政公益诉讼案

【关键词】

行政公益诉讼　天然气管道　车站咽喉区　府检联动　检察建议

【要旨】

针对天然气管道违法穿越车站咽喉区危及铁路运行安全问题，检察机关加强路地检察协作，以公开听证凝聚整改共识，以检察建议督促行政机关依法履职。针对整改中的难点堵点，检察机关主动对接地方政府召开联席会议推动整改工作顺利推进，整改安全隐患既保障铁路运行安全，又兼顾群众正常用气需求，形成科学合理的整改方案，提升治理效果。

【基本案情】

杭甬高铁是我国“四纵四横”快速客运通道重要组成部分，对促进长三角地区一体化发展具有重要作用。余姚北站是杭甬高铁沿线重要的综合交通枢纽，日发旅客列车131对，日发客量3.2万至3.6万人次。2012年，余姚市城市天然气有限公司（以下简称“市天然气公司”）违反《铁路工程设计防火规范》等规定，铺设的2条天然气管道穿越杭甬高铁余姚北站咽喉区，至2023年11月仍未整改处理，存在高铁运行安全隐患。

【调查和督促履职】

2023年11月，浙江省人民检察院将线索交余姚市人民检察院（以下简称“余姚市院”）办理，并指导该院与杭州铁路运输检察院（以下简称“杭州铁检院”）成立联合办案组。办案组在中国铁路上海局集团有限公司宁波工务段（以下简称“宁波工务段”）协助下，通过现场勘查、调取工程资料、走访相关单位等，查明市天然气公司在未取得铁路运输企业同意情形下，在杭甬高铁K264+728、K265+198（余姚北站咽喉区内）铺设2条天然气管道，且管道埋设深度小于1.8米，未采取套管等保护措施，不符合《铁路工程设计防火规范》《城镇燃气设计规范》等技术标准，违反了《中华人民共和国铁路法》规定，危害铁路运行安全。余姚市住房和城乡建设局（以下简称“市住建局”）对城市天然气设施建设具有监管职责。余姚市院遂于2024年6月13日以行政公益诉讼立案。

为论证天然气管道穿越车站咽喉区造成事故隐患的危害性，办案组邀请铁路桥梁专家、人大代表、人民监督员、益心为公志愿者等进行公开听证。听证会从项目建设次序、设计规范、法律规定等层面论证车站咽喉区属于严禁穿越油气管道地带，并通过分析影响铁路安全的技术参数、天然气管道爆炸造成的震动系数等，充分论证天然气管道穿越车站咽喉区存在严重的安全隐患，具有整改迫切性。听证会认为，因案涉管道服务周边1.1万用户日常生活用气，应在保障居民持续稳定供气需求的前提下，制定科学合理管道迁改方案。

2024年6月26日，余姚市院向余姚市住建局制发检察建议，建议其督促责任单位及时采取有效整改措施，消除重大安全隐患。

收到检察建议后，市住建局责令市天然气公司制定管道迁改方案，并在征求宁波工务段意见基础上，组织燃气、市政等领域技术专家对迁改方案进行评估。因迁改工程涉及立项、规划、选址、招标等多部门多环节，经余姚市院与市住建局专题报告，余姚市人民政府于2024

年8月23日召集住建、财政、交通、规划等职能部门及市天然气公司、宁波工务段举行整改工作协调会，明确出资及施工主体并协调各职能部门加快完成审批备案及政策处理工作。2024年10月，管道迁改工程正式启动，市天然气公司投入496万元，在铁路安全保护区外另行铺设2906米中压燃气管道，与沿途已建管道碰接，保障周边居民用气需求。同时对原穿越车站咽喉区的管道作截断废弃处理，彻底消除列车运行安全隐患。

为巩固整治成果，提升穿跨越及并行铁路燃气管道和铁路运行安全水平，在检察机关推动下，宁波工务段与市天然气公司签订《关于建立“气铁联动”联合巡查机制的协议》，实现日常巡查信息共享、安全信息互通、应急处置联动，长效确保气铁运输安全。

【典型意义】

铁路和天然气管道作为民生基础设施，是社会经济发展的重要基础保障，关乎人民群众生产生活安全。针对天然气管道违法穿越车站咽喉区问题，地方和铁路运输检察院充分发挥沟通协调和专业监督的联动优势，通过联合调查、专家论证等形式提升监督精准性、规范性；协同行政机关以专题报告推动政府召开协调会议，进一步凝聚整改共识、加快整改进程。整改过程中兼顾民生需求，推动建立气铁安全系统治理机制，共同守护人民群众美好生活。

牡丹江铁路运输检察院督促整治林密铁路沿线矿山企业违规堆放尾矿废料侵占河道危害铁路运行安全行政公益诉讼案

【关键词】

行政公益诉讼　尾矿废渣侵占河道　现场评估　检察建议

【要旨】

针对选矿厂尾砂等废料堆放在铁路沿线进而侵占河道、危及铁路安全且责任主体多、整改难度大的问题，检察机关通过制发检察建议等方式，督促行政机关依法履职，消除安全隐患。

【基本案情】

林密线铁路是黑龙江省重要的干线通道，承担着大宗商品及物资运输等重要任务，对沿线地市经济发展具有重要作用。在鸡西市麻山区小土顶村辖区内，紧邻铁路安全保护区存在一处选矿厂，该厂将挑选石墨后产生的约200000立方米尾砂等废料，集中堆放在选矿厂东侧事故池靠河道一侧边缘，距河道下游铁路线路168米，因该事故池容量不足，不断堆放的尾砂等废料持续侵占振兴河河道，致河道变窄5米，严重影响汛期泄洪，且侵入河道的尾矿废渣易随河水冲击下游铁路线路，威胁铁路运行安全。鸡西市麻山区农业农村局作为河道管理主管部门，怠于履行清理疏浚河道保障铁路行车安全职责，致使国家利益和社会公共利益受到侵害。

【调查和督促履职】

2024年2月，牡丹江铁路运输检察院（以下简称牡丹江铁检院）

收到铁路企业反映的线索后，通过现场勘查、调查走访、无人机航拍等方式，发现位于鸡西市麻山区中国铁路林密线 K38 铁路桥涵上游 168 米处某选矿厂侵占河道构筑事故池，池中堆放了大量废料，导致该区段河道自然形态发生较大改变。牡丹江铁检院于 2024 年 4 月 3 日立案调查。查明该事故池是经过审批建设的合法构筑物，但该厂违规使用事故池，将日常生产中产生的约 200000 立方米尾砂废料长期堆放在池内，因事故池容量不足，致使废料溢出事故池侵入河道，造成河道宽度由 12 米变窄至 7 米，进入汛期事故池会阻碍河道行洪，极易引发洪峰冲毁或淹没下游铁路桥梁，危及铁路运行安全。

2024 年 4 月 26 日，依据《中华人民共和国水法》《中华人民共和国河道管理条例》等相关规定，牡丹江铁检院向鸡西市麻山区农业农村局制发检察建议，督促其对案涉河道被侵占情况进行整治，消除铁路安全隐患。该单位收到检察建议后，立即启动河道清理工作。鉴于该案涉及行政机关、铁路企业、民营企业三方，整改难度大，牡丹江铁检院牵头组织召开整改工作推进会，协调各方涉案单位相互协作配合、优化整治方案。与会各方综合考量河道周边地貌、铁路周边环境安全以及厂区内部实际情况等因素，对事故池改迁可行性、河道清理难度、整改标准及资金等问题进行研究论证，形成事故池所在河道区域治理初步方案。期间，牡丹江铁检院多次联合铁路企业及当地农业、应急、环保等部门，对采矿厂及相关企业开展“综合体检”，结合当地雨季汛期时间，合理安排施工进度，持续跟进整改情况。

6 月 11 日，该局回函称，选矿厂已将事故池内废料全部清空，河道宽度已修复，行洪能力恢复正常。检察机关联合行政机关、铁路企业进行现场评估，确认河道已恢复，铁路线路及桥梁安全隐患已经消除。铁路企业表示，检察机关依法监督行政机关履行河道管理职责，仅用 2 个月时间就解决了长期困扰铁路部门的跨河铁路桥涵安全隐患，为铁路行车安全提供了有力的检察保障。

【典型意义】

在跨河铁路桥上游侵占河道修建事故池等构筑物，不仅影响行洪安全，也对铁路运输造成巨大安全隐患。检察机关在依法督促行政机关履职的同时，更加注重整改质效，多次组织相关单位共同踏查、勘测数据，并召开整改推进会，协调涉案单位厘清各方责任，加强工作衔接，综合考量铁路安全、企业生产、周边环境等多种因素，共同研究制定最佳整改方案，推动安全隐患及时有效得到解决。

衡阳铁路运输检察院督促整治京广铁路湖南省永兴县公跨铁危桥危害铁路运行安全行政公益诉讼案

【关键词】

行政公益诉讼　公跨铁危桥　协同履职　检察听证　检察建议

【要旨】

针对被鉴定为四类危桥的公路上跨铁路桥梁经多次延期仍未在规定期限拆除，严重影响铁路运行安全的，铁路检察机关发挥跨行政区划检察院优势，通过上级院指定管辖，与属地检察院、军事检察院一体履职，督促、协同路地、军地相关职能部门异地快速联动、检政企同向发力，及时消除重大事故隐患。

【基本案情】

京广铁路是国家一级电气化铁路繁忙干线，贯穿北京至广东6个省市，日通行列车约240对，是重要的南北铁路交通大动脉，具有极其重要的战略地位。京广铁路K1850+447处公跨铁桥梁（位于湖南省永兴县马田镇，以下简称马田圩桥）上跨京广铁路，也是公路交通大动脉107国道主干线的重要桥梁。该桥建于1989年，因长期缺乏管理维护，桥台及T梁均出现裂缝、桥台下沉、桥面露筋起壳外鼓，2022年7月被鉴定为四类危桥，有引发桥梁坍塌、铁路交通安全事故的重大风险。2023年8月，中国国家铁路集团有限公司将该危桥纳入第一批铁路重大事故隐患，要求地方产权单位拆除重建，截至2024年7月该危桥仍未拆除。

【调查和督促履职】

2023年8月，广州铁路监督管理局（以下简称广铁监管局）函至郴州市人民政府和中国铁路广州局集团有限公司（以下简称广铁集团）要求尽快采取措施及时整治马田圩危桥隐患，并根据广东省人民检察院广州铁路运输分院（以下简称广铁检察分院）、广铁监管局和广铁集团共签的公益诉讼协作配合机制将该线索移送衡阳铁路运输检察院（以下简称衡阳铁检院）。衡阳铁检院通过现场勘验、调阅相关资料、询问相关人员和参加现场会等方式开展初步调查，查明马田圩危桥确实存在安全隐患，严重危及京广线铁路运行安全和107国道道路交通安全，同时了解到广铁监管局和相关行政机关正在协调解决此问题，因此衡阳铁检院对该线索暂未予立案。

2023年11月，广铁监管局联合湖南省交通运输厅（以下简称省交通厅）召开协调会明确，通过拆除重建方式消除马田圩危桥重大安全隐患，由地方政府负责桥梁拆除重建并承担相应费用，铁路单位做好支持配合工作。2024年1月8日，广铁监管局对危桥整治工作挂牌督办，要求郴州市人民政府确保2024年6月30日前完成桥梁拆除。2024年6月，因无法按期拆除危桥，属地政府请示广铁监管局延期至9月15日拆除。截至2024年7月中旬，施工单位仍未提报施工方案、未申请开工手续、未与工务、供电、电务、车务等铁路单位签订涉铁施工安全协议、代管协议，涉铁杆线未搬迁，桥梁拆除工作仍未实质开展，拆除工作严重滞后，极有可能无法按期拆除。施工单位在前期施工准备中发现该桥处于恶化为五类危桥阶段，及时消除马田圩危桥重大安全隐患具有现实危险性、必要性、紧迫性，衡阳铁检报请湖南省人民检察院指定管辖后，于2024年7月对永兴县交通运输局以行政公益诉讼立案。

为尽快推动危桥拆除工作实质开展，衡阳铁检院将调查、立案情况通报广铁监管局，促成广铁监管局联合省交通厅于2024年7月25日第二次召开协调推进会，会议再次明确各方职责、要求主动接受检察公益诉讼监督，并明确危桥拆除期限为10月31日。

为确保按期完成桥梁拆除工作，衡阳铁检院对各方履职情况同步跟进监督，发函至衡阳工务段，建议其牵头铁路各单位完成涉铁施工配合工作；组织地方相关职能部门及工务、供电、电务、车务等铁路单位会同施工单位多次召开磋商会、现场会、督办会，明确各自权责和时限，督促各单位联合开展涉铁施工的现场调查和现场交底工作。

在办案中另查明，截至2024年8月中旬，涉铁施工安全协议仍未签订，桥梁管线中发现有光缆需要迁改，危桥拆除工期受阻，永兴县交通运输局来函请求检察机关支持。衡阳铁检院多次协调各单位就涉铁施工达成一致意见，并立即签订涉铁施工安全协议，联合长沙军事检察院督促相关军事管理单位配合地方政府开展有关迁改工作。

截至2024年10月8日，行政机关未按照磋商达成的危桥拆除进度推进整改，工程进度仅完成50%，鉴于桥梁两侧桥台已破除、邻跨T梁未拆致危险系数更高，且拆除期限临近，为确保危桥按期拆除，仍有制发检察建议必要。衡阳铁检院于2024年10月12日向永兴县交通运输局制发15日内回复的检察建议，督促其依法全面履职，消除安全隐患，保障铁路运输生产安全。随后，衡阳铁检院联合永兴县检察院组织永兴县人民政府、县交通运输局等单位召开听证会，邀请人大代表、“益心为公”志愿者、铁路专业人员等担任听证员，就危桥能否按期拆除和施工存在的困难听取各方意见，协调铁路单位及时增报“天窗点”保障施工进度。同月31日，马田圩危桥如期完成拆除，现实安全隐患已消除。2024年11月27日，广铁监管局安委办认定马田圩危桥已完成治理验收，并予销号。

【典型意义】

公跨铁桥梁重大安全隐患的整治，历史遗留问题多，行业管理、行业监管与属地监管分属不同省份、不同层级，错综复杂、条块分割。铁路检察机关充分发挥跨区划优势，通过上级院指定管辖，一体运用调查督办、磋商听证和检察建议等方式手段，开展预防性公益诉讼，在刚性监督中整合路地、军地监管部门协同共治，实现良好效果。

河南省人民检察院郑州铁路运输分院督促整治京广高铁沿线非法木业加工厂火灾隐患危害高铁运行安全行政公益诉讼案

【关键词】

行政公益诉讼　消防安全　国有土地管理及建设规划　磋商

【要旨】

针对严重影响京广高铁运行安全的木业加工厂火灾隐患问题，铁路检察机关可以通过办理行政公益诉讼案件，促使行政机关对临近铁路的宗地用途和建设规划审批管理工作进行规范整治，从源头上消除隐患。

【基本案情】

京广高速铁路是《中长期铁路网规划》“八纵八横”高铁网纵向主通道之一，线路全长 2298 千米，纵贯北京、河北、河南、湖北、湖南、广东六省市，连接京津冀协同发展核心区域、中原城市群、长江中游城市群和粤港澳大湾区，全线实现常态化按时速 350 千米高标运营，日发送动车组列车 128 对，在便利人民群众出行、服务国家重大战略实施和区域经济社会发展方面起到重要作用。

2021 年 10 月，中国铁路武汉局集团有限公司管内京广高铁 K807+361 处许漯特大桥 804 号墩上行西侧（位于漯河市临颍县杜曲镇），有居民违法搭设长 80 米、宽 20 米、高约 10 米、面积约 1600 平方米的“L”形彩钢瓦建筑用木业加工厂生产车间，建筑内及院内堆放大量原木材料及木材制品、锯末等易燃物，彩钢瓦建筑北侧距离高铁桥梁边缘仅 17.5 米，违反铁路线路防火间距，存在轻质物侵限和火灾隐患，影响高铁运行安全。期间，武汉局集团公司多次对违法行为人进行沟通劝阻，并向杜曲镇人民政府、临颍县住建局、临颍县城管执法大队等行政机关请求协助解决。2021 年 11 月，杜曲镇政府组织对彩钢瓦建筑屋顶进行了加固处理，但木业加工厂生产车间仍违法建成并投入使用。

【调查和督促履职】

2022 年 6 月 8 日，武汉铁路监督管理局根据与河南省检察院郑州铁路运输分院（以下简称郑州铁检分院）会签的《关于建立铁路安全生产领域行政执法和检察监督协同联动机制的意见》，将该安全隐患线索移送郑州铁检分院。

接到该隐患线索后，郑州铁检分院经调取宗地土地性质及建设规划等书证材料，依法询问土地使用权人等证人，查明：该木业加工厂所涉土地（面积 5382 平方米的国有建设用地）的建设规划用途为公共设施用地，2021 年 10 月，在未变更调整土地规划、未取得建设工程规划许可证和施工许可证的情况下，该木业有限公司的生产厂房车间动工建设，后经营至今。检察机关认为，该木业加工厂未办理消防许可、缺乏必要的消防安全设施，并违反《铁路工程设计防火规范》和《建筑设计防火规范》等关于铁路线路防火间距的相关规定，生产经营存在消防安全隐患，威胁高铁运行安全。同时，该木业加工厂违反《中华人民共和国城乡规划法》第四十条、《中华人民共和国建筑法》第七条、《中华人民共和国土地管理法》第五十六条的相关规定，属于违法建筑。

鉴于临颍县自然资源局、县应急管理局、杜曲镇政府均存在未依法履职情形，为统筹推进问题整改，2023 年 4 月 19 日，郑州铁检分院对属地县政府立案。2023 年 4 月 21 日，郑州铁检分院组织属地县政府、县自然资源局、县应急管理局、杜曲镇政府、武汉铁路监督管理局和武汉高铁工务段等多家单位召开磋商会议。会上，检察机关建议县政府切实发挥铁路安全管理职能，督促相关责任部门认真整改消除隐患，并积极做好保障铁路安全和国有土地管理工作。在县政府统筹下，县应急管理局督促木业加工厂配备了消防及供水设施，加强事故防范；县自然资源局做出行政处罚决定，责令木业加工厂于15日内自行拆除该宗土地上的违法建筑。2023年9月6日，临颍县自然资源局来函称：该宗土地上的违法建筑已全部拆除完毕，该宗土地使用权已收回。

2024年1月30日，郑州铁检机关前往现场持续跟进监督发现，该宗土地上的违法建筑已被全部拆除、彩钢瓦及木材制品等已清理运走。该处轻质物及火灾隐患整改工作获得铁路企业认可，安全隐患已彻底销号。

【典型意义】

高铁安全事关地方社会经济发展和人民群众生命财产安全。针对案件涉及铁路安全、消防安全、违法建设、国有土地收储等多个问题，以及多个行政机关存在未依法履职情形，检察机关对县级人民政府立案，发挥县级政府统筹作用，督促自然资源和规划、应急管理等职能部门全面履职，对木业加工厂火灾隐患进行整治。

贵州省六盘水市钟山区人民检察院督促整治铁路线路安全保护区违法占地经营危害铁路运行安全行政公益诉讼案

【关键词】

行政公益诉讼　铁路安全保护区　违法占地经营

【要旨】

针对在货运铁路支线安全保护区内违法占地经营农贸市场等问题，检察机关通过制发检察建议、依法提起诉讼等方式，促进另行选址修建、整体搬迁，既维护了铁路运行安全又保障了人民群众生活。

【基本案情】

位于贵州省西部的贵昆铁路水大支线，是为开发六盘水市煤炭资源，加速“西南三线建设”，于1972年建成投入运营的西电东送、黔煤外运的重要货运铁路支线线路，全长40.28千米，运行时速60千米每小时，年货运量约400万吨，日发货运列车4对。20世纪80年代，在水大支线六盘水市钟山区红岩街道路段，沿线群众为生活方便，自发在铁路安全保护区距离铁路路堤仅3.1米内，形成一处长约260米的农贸市场，与铁轨之间缺失封闭网。市场内一百余家商贩乱搭乱建、占道经营，近千群众聚集赶集，随意穿行铁路，曾发生严重碰撞事故2起，造成1人死亡，1人重伤，仅2023年以来就发生防伤停车88次。市场内垃圾随意丢弃在铁路道床边，门店广告布、摊点太阳伞等飘浮物吹落到铁道上，存在着严重的铁路安全隐患。

【调查和督促履职】

2024年1月10日，中国铁路成都局集团有限公司通过贵州省人民检察院逐级将该线索交由六盘水市钟山区人民检察院（以下简称钟山区检察院）依法立案办理。钟山区检察院通过无人机拍摄、调查走访、现场勘查等方式调查查明：水大铁路沿线农贸市场位于六盘水市钟山区红岩街道开拓路，于20世纪80年代自然形成，处于铁路安全保护区范围内，且没有防护网，违反了《铁路安全管理条例》第二十七条规定，存在着严重安全隐患。多年来，中国铁路成都局集团有限公司六盘水工电段多次协调解决，区人大代表多次提出迁移市场的建议，但因市场形成时间长、辐射面广，同时涉及市场选址、搬迁、群众工作等问题，一直未能解决，导致铁路安全隐患长期存在，成为历史遗留“老大难”问题。根据《贵州省铁路安全管理条例》第九条规定，《贵州省文明行为促进条例》第三十五条、第四十一条规定，结合地方三定方案，钟山区人民政府红岩街道办事处（以下简称红岩街道办）是区政府的派出机关，负责本辖区安全生产管理职责，对本辖区内村镇市场归行划市、路市分离、划点贸易具有监管职责。

2024年1月19日，钟山区检察院向红岩街道办发出检察建议，建议其依法对钟山区开拓路农贸市场履行监管职责，消除铁路沿线安全隐患。

2024年3月18日，红岩街道办书面回复钟山区检察院称，已在道口树立了警示标牌，聘请工作人员开展值守，对群众随意穿行铁路的行为进行劝导规范。钟山区检察院邀请“益心为公”志愿者参与，持续实地跟进查看整改效果，发现铁路安全保护区内农贸市场仍在经营，群众随意穿行铁路的现象仍有发生，铁路安全隐患问题依然突出。

【诉讼过程】

2024年5月13日，钟山区检察院依法向钟山区人民法院提起行政公益诉讼，诉请被告红岩街道办依法履行开拓路农贸市场的设置和管理职责，消除该处铁路安全隐患。起诉后，红岩街道办联合成都局六盘水工电段、六盘水车务段，和钟山区护路办、钟山区交通运输局等相关单位多次召开协调会，形成另行选址修建农贸市场，将农贸市场整体搬出铁路安全保护区内的一致意见。通过召集群众、商户、摊贩等召开迁移动员大会，讲清政策，讲明利害，取得群众、商户、摊贩理解支持。在铁路、交通等相关部门配合下，红岩街道办事处共筹集资金 22 万余元用于农贸市场整体搬迁。铁路部门投资 13 万余元安设封闭网 810 米及实时监控摄像头 1 个，安排线路巡防队员进行巡查值守。2024 年 8 月，开拓路农贸市场完成整体搬迁并投入使用，共解决固定台位 66 个，固定棚子摊位 22 个，临时摊位 80 余个，增设雨棚 1000 平方米，划定停车位 50 余个，聘用管理人员 6 名。铁路沿线已无门店、摊点飘浮物，再未发生过防伤停车情况。

2024 年 8 月 8 日，钟山区检察院邀请“益心为公”志愿者实地查看整改情况，发现搬迁后的农贸市场整洁、规范、有序，赶集人数大幅增加，既解决了铁路安全隐患又兼顾了民生需求。经现场公开听证一致认为，新搬迁农贸市场已全面撤离铁路安全保护区，铁路沿线安全隐患已消除。8 月 20 日，钟山区人民法院依法作出终结诉讼裁定。

【典型意义】

铁路沿线环境安全关乎铁路运行安全和人民群众生命财产安全。检察机关紧盯长期以来难治理、难解决的铁路线路安全保护区被违法占用经营的“老大难”问题，充分发挥公益诉讼职能作用，对于检察建议难以推动解决的整改难题，依法提起行政公益诉讼，以“诉”的确认督促行政机关依法履职，既消除铁路安全隐患又保障民生需求。

湖北省人民检察院督促整治城镇燃气管道下穿火车站重大事故隐患行政公益诉讼案

【关键词】

行政公益诉讼　燃气管道下穿火车站　联合督办　一体履职　检察建议

【要旨】

针对城镇燃气管道违法下穿火车站历史遗留隐患问题，检察机关通过依法推动风险评估认定、组织开展磋商等方式，促使多家行政机关、铁路企业、燃气企业消除认识分歧。以此为基础，综合运用一体化办案、多轮磋商、联合调研督办等方式，推动行政机关厘清职责交叉争议、消除法律适用分歧，对隐患问题开展挂牌督办，助力实现协同履职、综合施治，凝聚重大事故隐患整治合力。坚持以点带面，通过部署开展专项监督，实现同类安全隐患系统化解。

【基本案情】

湖北某火车站是国内铁路运输重要交通枢纽，客流量大，人员密集。某燃气企业未经相关单位同意，违反《铁路法》第四十六条第二款以及《铁路工程设计防火规范》第4.3.1条的规定，先后于2009年、2019年在某火车站咽喉处铁路桥下铺设3条燃气管道（最大管径711毫米，最大压力1.6MPa），危及铁路运输安全，构成铁路交通重大事故隐患，严重损害了国家利益和社会公共利益。

【调查和督促履职】

2023年12月，湖北省人民检察院（以下简称湖北省院）收到最高人民检察院交办的由中国国家铁路集团有限公司（以下简称国铁集团）移交的涉案问题线索。通过现场勘验、调阅资料、卫星云图、走访询问等方式予以查实。另查明，因相关部门认识不一、相互推诿致使涉案违法情形持续多年未予整改，国家利益和社会公共利益长期面临严重损害风险。鉴于案情重大、疑难复杂、牵涉面广，湖北省院成立以常务副检察长为主办检察官的办案组，于2024年3月4日以事立案办理。

2024年3月至5月，湖北省院组织发改、住建、铁路以及属地政府、燃气企业等单位开展多轮磋商。因涉案燃气管道是否构成重大安全隐患存在分歧，湖北省院于同年6月协同中国铁路武汉局集团有限公司（以下简称中铁武汉局）开展现场评估。6月18日，中铁武汉局根据《铁路交通重大事故隐患判定标准（试行）》（以下简称《隐患判定标准》）第六条第（三）项的规定作出评估意见，认定涉案违法情形构成铁路交通重大事故隐患。

2024年6月19日，湖北省院组织涉案行政机关、企业等省市区12家单位就加强涉案管道安全防范，推进线路迁改等问题开展磋商。根据磋商情况，属地市政府于2024年7月2日召开专题会议，将涉案隐患治理纳入政府重点督办事项，通过成立工作专班、制定专项方案，督促涉案燃气企业落实防护措施，推动燃气管道迁改建设实施。7月10日至12日，相关单位先后书面回复涉案隐患整改工作方案、措施。其中住建部门对中铁武汉局作出的评估意见存有异议，认为《隐患判定标准》第六条第（三）项中“油气管道”不包含“城镇燃气管道”，依据该规定予以认定属于适用法律错误。

2024年9月13日，最高人民检察院、国家铁路局、国铁集团开展联合开展现场督办。同日，召集发改、住建、应急以及铁路监管部门、属地市政府、涉案燃气企业等召开案件督办会，明确《隐患判定标准》第六条第（三）项中的“油气管道”包含“城镇燃气管道”，同时纠正住建部门关于涉案重大事故隐患认定的错误认识。

2024年9月30日，湖北省院组织住建、应急以及铁路监管部门开展磋商，就重大事故隐患挂牌督办过程中多部门职能交叉、权责不明等问题达成共识，推进涉案安全隐患问题整改。会议明确，应急部门对涉案问题隐患负有重大安全隐患挂牌督办职责；铁路监管部门、住建部门负有重大安全隐患治理监督职责；属地政府负有重大安全隐患牵头整改职责。11月29日，应急部门书面回复，省安全生产委员会已挂牌督办，并明确整改责任主体、时限方案。

2024年10月至11月，湖北省院持续跟进监督，通过现场勘察发现，整改工作正在如期推进，涉案燃气企业联合涉案火车站建立联防机制，实现24小时巡线监控、物防技防。同时涉案燃气企业已从老旧管网改造专项贷款中调拨约1500万元，先行对某火车站南侧咽喉区涉案燃气管道实施迁改。

2024年12月，湖北省院联合中铁武汉局开展"回头看"，通过调阅资料、现场勘查，确认涉案问题整改预案完善，涉案车站南侧咽喉区燃气管道迁改工作已完成。车站北侧咽喉区燃气管道迁改正在申请国债资金支持。

案件办理过程中，湖北省院充分运用"1+N"办案模式，一体办案、综合履职，指导武汉铁路检察机关对涉案违法情形立办案件4件。同时，湖北省院在全省部署开展铁路桥隧安全和油气管道违规下穿铁路专项治理活动，共计立案监督87件，发出检察建议25件，督促消除安全隐患126处，取得良好成效。湖北省院武汉铁检分院与中铁武汉局会签《关于实施检企协同联动共同推进武汉铁路高质量发展的意见》，强化检企合作助力保障铁路外部环境安全。

【典型意义】

铁路交通安全历史遗留隐患问题往往成因复杂，涉及多部门职责。

检察机关坚持问题导向、效果导向，督促适格主体依法作出重大事故隐患认定。通过多轮座谈磋商、持续跟进监督，努力推动涉案重大隐患认定、法律适用争议以及厘清职能权限等问题达成共识，为凝聚整改合力清除了障碍。同时充分运用一体化办案优势，督促相关行政机关挂牌督办，为彻底消除涉案重大交通安全隐患提供了充分保障，也为同类重大疑难复杂案件办理提供了遵循，有助于完善铁路沿线安全治理长效机制，助力提升铁路领域安全生产治理水平。

贵州省人民检察院督促整治沪昆铁路公跨铁桥梁重大安全隐患行政公益诉讼案

【关键词】

行政公益诉讼　公跨铁桥梁安全　检企协作　一体化办案　检察建议

【要旨】

针对公路跨铁路桥梁被鉴定为三类危桥，存在严重安全隐患的历史遗留“老大难”问题，检察机关依法立案办理，加强与铁路企业的协同配合，通过磋商、制发检察建议，督促行政机关协同履职，共同推进问题整改，切实消除铁路公路安全隐患。

【基本案情】

沪昆铁路是长三角、珠三角等沿海经济发达地区向西南内陆地区进行经济辐射的轴线之一，是贵州连接华东、华南的重要通道，日均通行列车达200对。位于贵州省六盘水市六枝特区新窑镇境内国道G356（湄西线）K2282+980处的新窑桥，修建于1958年，上跨沪昆铁路K2165+300段，全长33.94米，承载能力20吨。1994年，六枝特区供排水公司违规在桥面架设乡镇饮用水供水管道，增加桥梁负荷8吨以上。新窑桥是周边电厂运营必经之路，日均通过货车100余辆，约70%为超限运输车辆，均重70吨以上。因新窑桥年久失修，多处出现混凝土老化脱落、钢筋锈蚀氧化等情况；桥面两侧无防撞墩、防撞墙，桥梁原有护栏已严重老化，不能满足防护需要；桥面无排水系统，导致排水不畅，桥梁两端支撑面渗水严重，桥梁已明显下沉位移。桥下沪昆线架设有铁路部门万伏高压电线，如水管老化破裂，大量流水倾泻、电缆坠落至铁路线路，极易引发桥梁垮塌等重大安全事故。2019年，新窑桥被评定为“三类”桥。

【调查和督促履职】

2018年3月，六枝特区交通管理局发现新窑桥存在的严重安全隐患问题，多次向上级部门、特区人民政府报告。2020年，贵州省交通运输厅决定挂牌督办，但因问题成因复杂、整改难度大、监管部门庞杂、监管层级不一，供水管道涉及周边5个乡镇5000多居民饮用水供应的民生问题，整改工作难以推进。

2022年3月初，成都铁路局六盘水供电段将该案线索移送至六盘水市人民检察院，六盘水市检察院核实后上报贵州省人民检察院（以下简称贵州省检察院），贵州省检察院实地核实后决定提级办理，于2022年5月6日依法立案。组成由贵州省检察院分管副检察长任主办检察官，省、市、区三级院近20名干警参与的专案组，先后召集铁路、公路、运输、水务等相关行政部门召开现场会6次、座谈会10余次。经研究认为，新窑桥的整改横跨铁路、公路、水务等多层级部门，既要解决铁路、公路运营安全，又要兼顾当地经济发展需求，还要解决人民群众生活问题，遂确定了协同配合、分层监督、专业支持的办案思路。

在铁路部门技术人员支持下，专案组通过现场勘查、调查走访、查阅资料、无人机拍摄等方式开展调查，查明新窑桥存在违规架设供水管道、超负荷承压运输、桥梁年久失修、桥面无防撞设施、无排水系统等严重安全隐患问题。根据《中华人民共和国水法》《公路安全保护条例》《贵州省铁路安全管理条例》等相关法律法规，水务部门、公路管理部门、交通运输部门对新窑桥水工程安全、国道的管护、铁路沿线安全环境分别负有监督管理职责。其间，贵州省检察院依托一体化办案，指导办理行政公益诉讼案件3件，制发检察建议3件。

2022年6月20日，专案组与贵州省公路局磋商，达成了由贵州省公路局牵头整改的磋商意见。专案组邀请贵州省护路办、贵阳铁路办事处以及桥梁专家共同研究整改方案，制定了具体可行的方案计划，一是将违规架设的供水管道拆除，二是启动桥梁修复工程，三是治理超限超载。铁路部门预留每日列车运行空窗期，对新窑桥进行预期三个月的封闭管理施工；贵州省公路局批复整改专项资金180万元用于桥梁提级改造。

2023年1月19日，贵州省公路局回复称，已按整改方案牵头各相关部门完成了新窑桥安全隐患整改。一是水务部门对桥面供水管道完成改迁，确保周边5个乡镇5000多居民饮用水正常供应。二是交通运输部门已在桥面两边设置超载超限警示牌，在两边桥头修建限宽2.3米路墩和限高防护杆，有效防止超载车辆通行；责成电厂签订承诺书，确保出厂车辆载重符合标准。三是公路局对原混凝土栏杆、桥梁支座混凝土结构表面掉角、空洞、风化、腐蚀、露筋锈蚀等进行全面修补。四是对原防抛网损坏部分进行了修复，新增了波形梁护栏和防撞桶。五是在桥面两侧增设横向排水收集系统，将桥面积水引入公路边沟。

2023年2月23日，专案组邀请“益心为公”志愿者、人民监督员和桥梁专家对新窑桥整改情况进行实地调查，发现问题已经整改到位，治理后的新窑桥经第三方评定为“二类”桥。经设置安全警示标志，严格落实禁止超载等措施，该桥再未发生安全问题。

【典型意义】

沪昆铁路和G356国道是西南地区前往东部沿海发达地区的交通要道，公跨铁桥梁作为公路与铁路的交汇点，不仅承载着公路车辆的通行需求，还关系着铁路列车的运行安全。检察机关聚焦铁路公路交通安全隐患痼疾，充分发挥公益诉讼职能作用，推动行政机关协同履职，消除了铁路公路安全隐患，确保人民群众生活所需，切实助力维护铁路公路安全稳定。

陕西省人民检察院西安铁路运输分院督促整治防洪工程施工危害宁西铁路特大桥安全行政公益诉讼案

【关键词】

行政公益诉讼　铁路特大桥　防洪工程　重大事故隐患　检察建议

【要旨】

针对铁路桥梁跨越处河道上下游防洪工程，因防洪工程施工危害铁路桥梁安全的问题，检察机关通过制发检察建议，督促行政机关依法监管并规范防洪工程施工行为，协同推进疏浚平整河道、加固桥梁桥墩等工作，并对同类问题进行全面排查，及时消除铁路沿线安全隐患。

【基本案情】

宁西铁路是连接江苏省南京市与陕西省西安市的一条国家Ⅰ级客货共线铁路，贯通我国东、中、西三个经济带，是服务东、中、西部区域经济发展的重要通道，每日通行客运货运列车100余列。中国铁路西安局集团有限公司（以下简称西安局集团公司）发现宁西铁路白杨店丹江特大桥跨越处河床因某防洪工程施工导致下切严重，大桥13#墩桩基外露6.1米，危及铁路行车安全。该防洪工程未进行铁路安全论证，未征求铁路运输企业意见，在跨越处上下游施工并堆放砂石。西安局集团公司多次与施工单位沟通无果。2024年1月，西安局集团公司西安工务段向相关行政机关发函寻求支持，但工程仍未停工，安全隐患持续存在。

【调查和督促履职】

陕西省人民检察院西安铁路运输分院（以下简称西安铁检分院）在开展"铁路沿线安全环境治理，服务保障'一带一路'建设专项监督活动"中，收到西安局集团公司移送线索。西安铁检分院于2024年4月22日立案，通过无人机航拍，调取项目资料，与西安局集团公司座谈、协同勘查现场，询问属地水利局、交通局、镇政府工作人员等方式，查明涉案工程为商洛市丹江干流防洪工程，治理范围涉及三区县，均位于秦岭腹地。工程某标段在特大桥跨越处河道上下游55到200米范围内施工，河道堆放大量高约10米的砂土堆，按照《铁路交通重大事故隐患评判标准（试行）》相关规定，属铁路沿线环境重大事故隐患。

西安铁检分院与商洛市商州区水利局召开磋商会，明确监管职责。6月3日，根据《铁路安全管理条例》第三十七条、第九十一条等规定，向该局制发检察建议，建议其对违法施工危害铁路桥梁安全问题履行监管职责。

收到建议后，商洛市商州区水利局立即责令该防洪工程停止施工，清理了所有砂石，平整河道，督促施工单位协助西安局集团公司开展安全论证，配合进行桥梁加固。加固过程中，西安局集团公司西安工务段采取加强巡视检查和桥梁观察监测等安全措施。桥梁加固投入613万元，出动3300人次、工程机械375班次。加固后，经征求西安工务段意见，施工单位恢复防洪工程施工，区水利局安排专人负责安全巡查，监督防洪工程施工单位规范作业，避让铁路安全限界，确保项目顺利完工。同时，该局还对辖区丹江沿线铁路桥梁跨越段进行了全面排查，健全监管网络，共排查河段16处，清理河道淤积段3处1.6公里。

办案中，西安铁检分院还发现工程存在未办理环境影响评价手续、未采取环保措施的问题，向商洛市生态环境局制发检察建议。该局对施工单位罚款 6 万元，责令工程各标段办理环评手续、完善环保配套设施、防扬尘措施等，保护秦岭生态环境。

2024 年 8 月 26 日，经办案人员会同铁路技术人员跟进调查，桥梁上下游河道已经平整，安全隐患已被消除。西安局集团公司对办案效果充分认可，并与西安铁检分院持续加强“检企联动”，2024 年共协助陕西铁检机关办案 31 件。

【典型意义】

铁路运行安全和河道行洪安全均事关人民群众生命财产安全，涉及国家利益和社会公共利益。铁路检察机关在办案中发挥自身优势，通过公益诉讼检察履职促进行政机关与铁路企业密切协作，从保障铁路运输安全、规范防洪工程施工和保护秦岭生态安全等角度系统开展整治工作，及时消除重大事故隐患，实现双赢多赢共赢。

哈尔滨铁路运输检察院督促整治滨绥线、哈牡铁路客运专线安全保护区异物侵限危害铁路运输安全行政公益诉讼案

【关键词】

行政公益诉讼　异物侵限　科技赋能　检察建议

【要旨】

针对异物侵限影响铁路运输安全的类案问题，检察机关充分发挥科技赋能优势开展区域性监督，通过与铁路部门加强协作配合、制发检察建议，督促属地政府依法履行监督管理职责，对系列问题进行整改，并利用公益诉讼数智监控平台（以下简称数智平台）监督整改效果，推动辖区内一批突出安全问题得到综合治理、系统治理。

【基本案情】

滨绥铁路是一条年逾百年的历史文物铁路，是中欧班列“东通道”的重要组成部分；哈牡铁路客运专线承担着哈尔滨第九届亚洲冬季运动会（以下简称亚冬会）重要运输任务。哈尔滨铁路运输检察院（以下简称哈尔滨铁检院）运用搭建的公益诉讼数智平台调查发现，位于黑龙江省尚志市帽儿山镇（以下简称帽儿山镇）的滨绥线、哈牡铁路客运专线安保区内存在违法搭建彩钢房、塑料大棚，牲畜侵限及随意堆放易燃物等安全隐患问题 12 处，严重威胁铁路运输安全。

【调查和督促履职】

哈尔滨铁检院在运用数智平台开展铁路安全隐患常规排查工作中

发现案件线索，为确定公益损害情况，运用无人机现场拍摄核实隐患现状，确认公益损害持续存在。2024 年 5 月 27 日，哈尔滨铁检院层报黑龙江省人民检察院指定管辖，对该案立案，成立分管检察长为主办检察官的办案组，发挥“检察长 + 段长”公益诉讼工作协作机制作用，会同铁路工务部门共同踏查现场，运用公益诉讼数智监控平台多角度、多画面、立体化查看隐患现场和损害现状，评估研判隐患等级，调查核实有关情况，依法固定证据，准确认定安全隐患所处具体位置及造成公益损害事实。经调查研判，滨绥线上行 110km+050m 铁路线路及哈牡铁路客运专线途经帽儿山镇铁路安保区内，存在违法搭建彩钢房及塑料大棚、堆放玉米秸秆等易燃物问题 10 余处；放养牲畜问题 2 处。彩钢房上的彩钢瓦、塑料大棚上的塑料薄膜等材料遇恶劣天气极易侵入铁路线路，造成电网短路失火；放养牲畜侵限，易导致行车事故；堆放玉米秸秆等易燃物易引起火灾，危害铁路设施安全。帽儿山镇政府依法负有排除辖区内铁路安全隐患的监管职责。

2024 年 6 月 4 日，哈尔滨铁检院依据《中华人民共和国铁路法》《铁路安全管理条例》等相关规定，向帽儿山镇政府制发检察建议，建议其对铁路线路安保区内存在违法搭建彩钢房及塑料大棚、放养牲畜及堆放易燃物等危害铁路行车安全的问题进行整改。整改过程中，哈尔滨铁检院联合帽儿山镇政府、铁路有关部门分别到尚志市自然资源、城乡规划等部门进行沟通对接，督促有关行政机关加强工作衔接配合，并运用公益诉讼数智监控平台，定期跟踪整改进度。

帽儿山镇政府收到建议后，立即要求隐患问题所在村建立护路巡查制度，对安全隐患进行全面排查。整改期内对铁路安保区开展巡查 3 次，并组织村民开展安全教育，现 12 处安全隐患已全部整治完毕。

为保证办案质效，哈尔滨铁检院定期通过数智监控平台进行监控，并邀请人大代表、人民监督员与铁路工务部门现场“回头看”，确定整改符合要求。为预防隐患再度发生，走访铁路沿线居民，了解上述安全隐患的成因，有针对性地在帽儿山镇开展“爱路护路”和“护航亚冬会”系列普法宣传活动，推动镇政府与相关居民签订护路安全承诺书，并广泛吸纳“益心为公”志愿者，凝聚共识，汇聚合力，形成“爱路护路”良好氛围。在此基础上，组织帽儿山镇政府、铁路工务部门召开铁路安全隐患综合治理联席会，并与帽儿山镇政府签订公益诉讼协作机制，建立线索移送、整改共商、专家辅助、协同治理、重点预防等机制，推动构建铁路安全隐患系统治理新格局。

【典型意义】

铁路检察机关深入贯彻总体国家安全观，紧密围绕铁路安全大局大势，聚焦困扰铁路的突出安全隐患，立足法律监督职能，充分利用与铁路部门建立的公益协作机制，依托智能化数字平台，发挥“检察技术＋公益监督”聚合力，通过制发检察建议，督促地方政府依法履职、靶向施策，推动辖区内铁路安全隐患问题得到一体治理、系统治理，为亚冬会的成功举办营造安定有序的铁路运输环境。同时，与属地政府建立公益协作机制，积极开展铁路安全普法宣传，教育引导相关单位和人民群众增强法治意识、安全意识，共同打造平安美丽铁路风景线。

沈阳铁路运输检察院督促整治铁路上跨桥桥体及附属物脱落保护铁路运输安全行政公益诉讼案

【关键词】

行政公益诉讼　公跨铁桥体及附属物脱落　检察听证　综合治理　检察建议

【要旨】

针对铁路上跨桥悬挂物掉落线路、砸击列车等严重危及铁路运行安全问题，检察机关依法向负有监管职责的沿线行政机关制发检察建议，并通过公开听证、磋商会、工作函等方式主动对接地方企业、地方政府，持续跟进监督，推动形成多方共管共治局面，推进铁路沿线安全隐患整治和区域同类问题治理，切实保障“车轮上的安全”。

【基本案情】

沈苏路 4# 公路跨铁路桥梁地处辽宁省沈阳市浑南区，上跨四条铁路线路，位于苏抚上行线 K5+734 下行线 K8+875、浑榆上行线 K4+572 下行线 K3+196。苏抚线为客货两用线路，是连接沈阳和抚顺的重要交通线路，也是沈阳到吉林的主要线路之一，浑榆线承担着抚顺到沈阳站的客运任务。该桥建于 1997 年，桥长 352.14 米，承载着沈阳主城区与南部区域的重要交通联系，车流量大。因长期缺乏管理维护，桥体下方悬挂的通信线缆出现外金属护管锈蚀、桥体水泥风化、桥体铁质护栏锈蚀、桥体水泥护栏外路灯线缆固定不牢等问题。2021 年 7 月 5 日，该桥体曾因水泥块脱落导致接触网断电，造成 7 股承力索熔断和 3 列火车晚点的运营事故。中国铁路沈阳局集团有限公司沈阳供电段（以下简称沈阳供电段）多次与属地政府沟通协调，但因案涉通信及电力线缆的产权涉及中国移动、联通、电信等三家沈阳分公司和广电沈阳分公司、沈阳市路灯管理局，责任交织不清，一直未能整改。

【调查和督促履职】

2023 年 8 月，沈阳供电段向沈阳铁路运输检察院（以下简称沈阳铁检院）移送上述线索。收到该线索后，沈阳铁检院立即组织开展实地勘验、走访产权单位、咨询专业意见等初步调查工作，并于 2023 年 9 月 27 日通过组织公开听证查明中国移动、中国联通、中国电信沈阳分公司（以下简称三家通信公司）等为通信线缆权属单位，属地街道办事处依法负有行政监管职责。当日，根据《中华人民共和国铁路法》第七条、《铁路安全管理条例》第四条的规定，沈阳铁检院对沈阳市浑南区站东街道办事处（以下简称浑南街道办事处）决定行政公益诉讼立案。

立案后，经进一步调查取证和磋商，沈阳铁检院于 2023 年 10 月 24 日向浑南街道办事处提出检察建议，建议其依法履行维护铁路运输安全的法定职责，推动消除安全隐患。同时，针对施工涉及多产权主体同时需兼顾铁路行车、整改难度大的问题，沈阳铁检院分别于 10 月 30 日、11 月 2 日、11 月 6 日向三家通信公司发函建议其积极配合整改，并于 12 月 12 日组织召开浑河站东街道办事处，中国铁路沈阳局集团有限公司安监室、供电部、供电段、鞍山车务段，三家通信公司，浑南区交通局等单位代表共同参加整改推进会，并邀请 7 名全国人大代表、省人大代表及省政协委员等列席会议。经会议研究，各方对安全隐患整改方案达成共识。为推动整改方案有效落实，沈阳铁检院以发函提示、建议浑南街道办事处向市政府报告等形式持续督促推动执行。

2024 年 5 月 14 日，沈阳市政府责成沈阳市交通局组织召开了沈阳铁检院、市城管执法局、浑南区交通局、三家通信公司、广电沈阳分公司、中国铁路沈阳局集团有限公司等单位共同参加的安全隐患整治工作调度会。会议经研究作出进一步的工作决定，由市政府统一协调各方，市城管执法局具体实施问题管道的拆除和新建，相关产权单位在其职责范围内全力配合整改。会后，在沈阳铁检院的持续跟进下，多部门协同联动成立专项整改工作小组制定施工方案、报审立项后启动工程施工，于 2024 年 10 月如期完成整改工作，通信线缆护管下方加装防脱落设施、路灯线移至桥梁内侧、更换金属护栏并加装防抛网，工程累计投入资金 400 余万元。工程现场验收通过，多年没有解决的安全隐患问题终于彻底排除。与此同时，沈阳市政府在全市范围内就桥梁技术状况进行了系统排查，将公和桥等 3 座涉铁危旧桥梁列为提升“防灾减灾救灾”加固改造工程项目，“一揽子”根治区域同类问题，相关工程施工正在有序开展中。

【典型意义】

涉及多责任主体的铁路上跨桥隐患是危及铁路行车安全的难点痛点问题。铁路检察机关通过强化路、地、企、检沟通协作，检政企同向发力，推动各责任主体厘清权责、达成共识并有效整改，彻底解决“老大难”问题。同时，推动同类隐患区域治理，实现“办理一案、治理一片”效果，以检察公益诉讼有力维护铁路大动脉安全。

江苏省仪征市人民检察院督促整治宁启铁路沿线异物侵限危害铁路运行安全行政公益诉讼案

【关键词】

行政公益诉讼　异物侵限　政府主体责任　双段长制　检察建议

【要旨】

针对硬飘浮物侵限、易燃物存储持续性威胁铁路运营安全问题，检察机关可以通过提起行政公益诉讼方式督促沿线政府依法承担属地治理主体责任。推动落实铁路沿线安全环境治理双段长责任制，开展铁路外部环境安全隐患排查，形成解决长期性、系统性问题的示范效应。

【基本案情】

宁启铁路作为国家“八纵八横”路网组成部分，是连接西北地区与华东地区的重要交通干线，日发客货列车125对。该线路上行K81+208处有一废旧彩钢瓦厂房，内部堆放大量易燃物，严重危及铁路运营安全。2022年至2023年，中国铁路上海局集团有限公司新长工务段(以下简称新长工务段)2次函请仪征市人民政府解决，但该铁路外部环境安全隐患持续存在。

【调查和督促履职】

2023年6月，江苏省仪征市人民检察院(以下简称仪征市检察院)走访获悉线索后开展调查。经调取卫星图片、实地测绘查明：2013年，某公司租赁仪征市新集镇土地建设彩钢瓦厂房，占地4832平方米，距宁启铁路坡脚仅69.29米。因缺乏维护，彩钢瓦屋顶多处锈蚀且破败严重，厂房内堆放大量塑料纤维等易燃回收物，违反《江苏省铁路安全管理条例》、国务院办公厅《关于加强铁路沿线安全环境治理工作的意见》中关于铁路两侧500米范围内彩钢瓦轻质材料、易燃物品储存场所安全管理要求，遇大风等恶劣天气彩钢瓦极易被吹上铁路线路，易燃物易发生火灾造成浓烟阻碍行车视线、高温破坏铁路设备等严重后果。2022年9月，新长工务段将该重大隐患通报仪征市人民政府（以下简称仪征市政府），请求解决。仪征市政府2次向仪征市新集人民政府（以下简称新集镇政府）交办督办，要求督促某公司对案涉厂房进行加固或拆除。新集镇政府传达督办要求后，某公司以厂房已废弃无加固必要、拆除损失较大为由拒绝。直至2023年，案涉安全隐患持续存在。

仪征市检察院初查后认为，新集镇政府出租土地后管理失序，导致涉案重大隐患发生且长期存在，应承担属地治理责任，遂于2023年6月19日对该镇政府决定行政公益诉讼立案。同年6月26日，仪征市检察院发出检察建议。新集镇政府到期未回复，仪征市检察院跟进调查发现，厂房仍未加固或拆除，易燃物不减反增，公益受损状态存续。

【诉讼过程】

2023年9月20日，仪征市检察院向江苏省扬州市邗江区人民法院提起行政公益诉讼，诉请判令新集镇政府履行铁路沿线安全环境综合治理职责，消除案涉场地安全隐患。

诉讼期间，新集镇政府函复仪征市检察院，确认未及时消除安全隐患行为违法，表示案涉厂房已被纳入345国道建设征拆范围，因某公司期望较高，难以达成协议。经向仪征市政府汇报，仪征市检察院组织市安全委员会办公室、交通运输局、属地镇、村，与某公司进行多轮释法说理，使其充分认识拒绝拆除可能引发的安全隐患和法律后果。同年9月30日新集镇政府与某公司达成补偿协议，10月20日案涉厂房拆除完毕。

2023年11月2日，仪征市检察院邀请“益心为公”志愿者、铁路专业人员等实地查看整改情况，发现涉案厂房拆除后场地已平整，经现场公开听证一致认为案涉安全隐患已消除。仪征市检察院审查认为诉讼目的已实现，建议法院终结诉讼。同年11月28日，法院依法裁定诉讼终结。

仪征市检察院以该案办理为契机，推动仪征市政府成立仪征市铁路沿线安全环境治理“双段长”制办公室，明确沿线各镇人民政府作为成员单位的主要职责。2024年以来，新长工务段2次邀请仪征市检察院排查辖区28千米宁启铁路，发现并督促属地政府整治隐患风险点3处。

【典型意义】

硬飘浮物异物侵限、易燃物消防安全隐患是铁路外部环境安全隐患常见多发类型。对于检察建议难以推动整改的难题，检察机关依法提起行政公益诉讼，督促铁路沿线地方人民政府履行属地治理主体责任，消除铁路外部环境安全隐患。通过个案办理，推动落实双段长责任制，加强协同治理，系统解决铁路外部环境安全监管难题。

福州铁路运输检察院　福州市晋安区人民检察院督促整治铁路用地违占违建行政公益诉讼案

【关键词】

行政公益诉讼　铁路用地违占违建　一体履职　持续监督　检察建议

【要旨】

针对违法建筑物长期占用铁路用地危及铁路运行安全问题，检察机关加强路地检察协作，一体履职，协同发力，综合运用磋商、检察建议等办案方式，持续督促属地政府拆除长期侵占铁路用地的违法建筑物，消除铁路运行安全隐患，强化铁路安全法治保障。

【基本案情】

温福铁路于2009年建成并投入运营，设计时速250千米每小时，属国铁Ⅰ级铁路，是中国铁路“四纵四横”快速客运网的重要组成部分，是连接闽浙两省的重要铁路客运通道。其中，福州联络线是连接福州站与温福铁路的重要线路，位于福州市晋安区鼓山镇，紧邻磨洋河，与城市道路（鹿溪路）毗邻。自2015年起，在居民小区东山新苑对侧，距离铁路直线30米的安全红线范围内，逐渐形成占地1389平方米的违法建筑物，侵占铁路用地1149平方米、地方用地240平方米。违法建筑物侵占大部分内河河道，影响铁路行洪及运行安全。违法建筑物内开设零售、餐饮等店面20余家，污水直排磨洋河，水体表面污染严重；经营占用人行通道，噪声影响周边群众生活，消防设施不达标，存在严重安全隐患。

【调查和督促履职】

2022年4月21日，中国铁路南昌局集团公司福州工务段（以下简称福州工务段）向福州铁路运输检察院（以下简称福州铁检院）反映该案件线索。鉴于该案件线索涉及铁路与地方检察机关两方的职责范围，根据福州市路地检察机关对高速铁路、高速公路人居环境整治工作机制，福州铁检院、福州市晋安区人民检察院（以下简称晋安区院）于2022年8月30日启动行政公益诉讼立案程序。经调查核实，该地块自2012年至今经历了铁路部门出借、铁路建设收回两个阶段，晋安区鼓山镇政府为满足拆迁群众生活所需，曾在此地块设立大排档疏导点，违法建筑物的形成存在历史原因，整改难度较大。

根据《铁路安全管理条例》《福建省实施〈中华人民共和国城乡规划法〉办法》等规定，铁路沿线地方各级人民政府负有配合相关部门依法查处违法建设，落实护路联防责任等职责。2023年5月19日，福州铁检院、晋安区院与鼓山镇政府、区城管局、福州工务段进行磋商并召开圆桌会议，明确鼓山镇政府、区城管局责任分工，确保落实铁路护路联防责任，共同做好铁路沿线安全环境治理。与会单位提出“坚持统一领导、属地为主、依法处置、疏堵结合”的工作原则，确立了分“两步走”处置违法建筑的工作措施。首先，确保出租经营户平稳搬离，督促违建方自行拆除，实现店面关闭的阶段性成效。其次，因“两违”查处涉及规划、城管行政监管责任及属地镇政府责任，检察机关通过铁路沿线安全环境管理“双段长”工作机制，确立了鼓山镇政府承担属地责任，牵头与区城管局配合做好违法建筑的处置工作的基本框架。

鉴于违法建筑存续时间长，涉及多方利益，整改难度较大，鼓山镇政府会同区城管局历时1年仍未对违法建筑全部拆除到位。2024年4月22日，福州铁检院、晋安区院联合向鼓山镇政府制发检察建议，建议及时履行对违法建筑物监督管理职责，确保违法建设占用铁路用地及城市规划用地问题得到有效解决。2024年6月21日，鼓山镇政府反馈称违法建筑物已全部拆除，后续将落实铁路护路联防责任，协助做好铁路安全管理相关工作。经路地检察机关现场实现评估整改情况，违法建筑已拆除，福州工务段正在开展后续清理、划界工作，铁路运行安全隐患得以排除。

【典型意义】

铁路沿线用地违占违建多源于历史遗留问题，成因复杂、涉及面广、整改难度大。路地检察机关运用法治思维和法治方式，充分发挥检察一体化履职优势，协同各方力量，协调多方利益，督促行政机关依法履职，并结合历史成因帮助协调解决瓶颈问题。通过持续跟进监督，促成久拖不决的铁路用地违占违建问题彻底解决，以高质效办案护航铁路运营高水平安全和高质量发展。

云南省玉溪市红塔区人民检察院督促整治中老铁路昆玉段古树名木侵限影响铁路运营安全行政公益诉讼案

【关键词】

行政公益诉讼　树木侵限　古树名木保护　专家论证　检察建议

【要旨】

针对铁路沿线生长的古树名木侵限危及铁路运输安全问题，检察机关兼顾铁路运输安全和生态环境保护双重法益，积极发挥公益诉讼检察职能，委托铁路安全、古树保护等专家进行评估论证，形成科学有效的整改方案。通过案件公开听证、宣告送达检察建议，督促行政机关依法履职，推动构建“双益”保护长效机制，有效消除中老铁路运营安全隐患，保护铁路沿线古树名木正常生长。

【基本案情】

中老铁路是我国“一带一路”标志性重大工程，对面向南亚、东南亚辐射中心建设、带动地区经济社会发展具有极其重要的作用。中老铁路昆玉段自昆明南站至玉溪站，全长79千米，为国铁I级电气化铁路。中老铁路K68+170线路右侧堑坡高5米至10米处生长有405年、335年、130年树龄的云南省二级、三级重点保护古树名木黄连木3株。古树一侧紧邻铁路安全保护区围墙，另一侧与一寺庙“飞来寺”相邻，被当地居民奉为“神树”祭拜，不允许随意对古树进行修枝采伐。3株黄连木古树分别高23.4米、27米和30.2米，树冠侵入铁路供电设备安全距离；树身存在较多枯枝、枯梢和下垂枝条，距离铁轨较近，倒伏距离明显不足。若树枝折断、掉落或树木倾倒，将对铁路设施设备造成破坏，导致铁路高速行车中断，对铁路客货运营存在较大安全隐患。经铁路部门与地方政府多年协调，重大隐患未得到妥善解决。

【调查和督促履职】

在开展“益心护航中老铁路”专项行动中，2023 年 12 月，云南省人民检察院（以下简称云南省院）向属地检察机关逐级交办了 3 株古树名木侵限可能影响铁路运营安全问题线索。经初步调查，玉溪市红塔区人民检察院（以下简称红塔区院）于 2024 年 1 月 8 日对负有属地管理职责的玉溪市红塔区北城街道办事处以行政公益诉讼立案。

为科学有效保障铁路运营安全和保护古树自然资源，省、市、区三级检察院组成一体化办案组，通过现场勘察、实地检测，走访调查，向铁路企业、生态环境、林草等部门调取相关证据材料。鉴于该案涉及地方政府、行政机关、铁路企业、当地居民，整改阻力大，检察机关先后 4 次牵头组织召开工作推进会，协调各方相互协作配合。针对如何实现铁路运营安全和古树名木资源“双益”平衡保护、厘清行政机关职责、安抚当地居民情感等问题，办案组与多个部门充分沟通协调，依法推进工作。4 月 22 日，红塔区院委托专业机构进行树体检测和根系扫描，就铁路安全及古树名木“双益”保护问题组织云南省林木种苗工作总站、中国科学院昆明植物所、西南林业大学、国家林业草原局西南调查规划院、云南省林草科学院、中国铁路昆明局集团等有关专家召开专家评估论证会，形成原址保护的专家评估论证意见，并出具《保护建议方案》，明确了采取保护性修枝、加固范围，古树与铁路安全距离范围，平衡安全与保护需求。4 月 29 日，红塔区院组织“益心为公”志愿者实地查看现场情况，并在省、市检察院列席参与下，协调召开由红塔区委政法委、区林草局、北城街道办事处，昆明铁路局相关站段共同参加的案件公开听证会，促使负有监管职责的行政机关认领职责。同时，办案组办案人员认真梳理了涉铁路安全保护和古树名木保护相关规定，与街道办事处共同进村入户开展释法说理工作。根据《铁路法》《铁路安全管理条例》《高速铁路安全防护管理办法》《全国绿化委员会关于进一步加强古树名木保护管理的意见》等规定，5月13日，红塔区院依法向北城街道办事处制发行政公益诉讼检察建议，建议依法履行铁路外部环境安全属地管理职责，切实保障中老铁路玉溪段运营安全；采取科学有效的安全防护措施及时排除隐患，全面落实属地古树名木管护责任。

收到检察建议后，北城街道办事处高度重视，积极履行属地管理责任，逐户做通当地村民449户1401人的思想工作，全体村民同意在不影响树木正常生长条件下，可以对3株黄连木古树进行适当修枝加固。通过林草部门委托第三方绿化管护企业严格按照《保护建议方案》制定具体修枝方案，铁路部门协调动用25米高升车和运输车辆，专业施工人员6名，用时7天对3株古树共修枝清运30余立方米。随后，街道办事处进一步制定古树枝干加固方案，在铁路部门配合下对3株古树50余枝树枝进行了钢丝（活套）牵引加固，林草部门开展了古树病虫害防治及促根复壮工作和日常监测，全面消除铁路运营安全隐患，并保护古树名木资源不受破坏。10月22日，中老铁路K68+170铁路运营安全整改情况通过相关铁路专家和林草主管部门联合评估验收。

为巩固成果，在红塔区院多次助力推动下，街道办事处牵头与林草部门、铁路企业制定《中老铁路昆玉段K68+170铁路运营安全保护协作配合工作方案》，明确“双益”保护工作中各部门的职责划分及具体工作措施，实现制度化、规范化、常态化协作管理。11月21日，省级人大代表、政协委员、铁路安全专家及省市县三级检察院进行现场“回头看”，整改效果获一致肯定。经评估认为，涉案“双益”已得到有效保护，于12月作出终结案件的决定。

【典型意义】

铁路运营安全是民生大事，关乎人民群众生命财产安全，关系国家经济发展和社会稳定大局。古树名木是珍贵的自然资源活化石。检察机关在该案办理过程中，发挥公益诉讼一体化办案优势，督促行政机关结合专家意见开展科学整治，建立保障铁路运营安全长效协作机制，实现双重法益的同步保护。充分考虑古树名木在当地群众心中的精神价值，积极开展群众释法说理工作，赢得群众的理解支持，取得了良好的政治效果、法律效果和社会效果。

山西省大同市人民检察院督促整治铁路线国家电网110千伏高压线塔杆安全隐患行政公益诉讼案

【关键词】

行政公益诉讼　电力安全生产　协同共治　铁路运输安全　检察建议

【要旨】

针对非法采砂威胁国家电网110千伏高压线塔杆电力设施安全，进而给其供电的铁路线路带来安全隐患的问题，检察机关通过制发检察建议督促多家行政机关协同履职，消除电力设施安全隐患，保障铁路运输畅通，有效防范化解安全风险。

【基本案情】

山西省大同市新荣区古店镇部分区域长期存在违法挖砂取土行为并延伸至架空电力线路保护区内，导致区域内国家电网8处承载110千伏高压线杆基变成孤岛，砂土松动，无任何加固保护措施，范围长达两公里。高压线塔杆连接着国家电网220千伏北郊变电站，该变电站承担着国家重要煤炭运输干线大准铁路的供电任务和大同市城区生产、生活供电任务。长期非法采砂致使这些高压线塔杆存在倒塌风险，造成极大的安全隐患。

【调查和督促履职】

电力企业与铁路企业在对电力线路保护区进行联合安全检查时发现该线索，于2022年9月5日向山西省大同市人民检察院（以下简称大同市院）移送该线索，大同市院受理后采取一体化办案模式，与新荣区人民检察院联合开展初步核查。经向电力企业和铁路企业了解情况，实地走访调查，与行政机关沟通，询问相关人员、委托测绘公司制作航拍摄影测量三维模型等方式调取、固定证据，查明：部分人员在未取得许可手续的情况下，长期在国家电网大同市新荣区古店镇区域 110 千伏北黍 1#16 号、18 号、23 号、24 号、25 号，110 千伏北黍 2#17 号、26 号、27 号高压线塔杆架空电力线路保护区范围内违法采砂取土，造成部分高压线杆基形成"孤岛"，存在倒塌风险。大同市院于 2022 年 10 月 8 日以行政公益诉讼立案，并分别向大同市能源局、新荣区自然资源局、古店镇人民政府制发检察建议，建议对因非法开采砂土造成安全隐患的高压线塔杆进行修复整改，并加强辖区范围内电力设施的保护工作。

收到检察建议后，三家行政机关高度重视，大同市能源局牵头负责，协同新荣区自然资源局、古店镇人民政府第一时间向铁路企业核查，通过组织召开专题会议，明确各行政机关监管职责，研究制定整改方案，明确整改措施、整改时限和要求，出动大型机械 10 台，施工人员 50 余人，历时 20 余天，对涉案现场进行全面修复。同时，新荣区自然资源局对全区非法采砂行为开展专项治理，古店镇人民政府督促各行政村加强对国网电力的日常监督，有效保障了国网电力安全运行，也保障了铁路供电安全和运行畅通无阻。

【典型意义】

山西作为煤炭输出大省，在保障国家能源安全方面承担着重要职责。铁路作为煤炭运输的重要方式，离不开沿线供电设施的保驾护航。检察机关立足公益诉讼检察监督职能，牢固树立安全发展理念，积极回应企业需求，督促行政机关协同相关部门共商治理对策，依法全面整治非法采砂影响高压线塔杆安全行为，有效保护了电力设施，也为铁路安全运输提供了法治保障。

上海铁路运输检察院督促整治京沪线安全保护区违法占地危害铁路运输安全行政公益诉讼案

【关键词】

行政公益诉讼　非法侵占铁路用地　跨行政区划　检府协作

【要旨】

对铁路沿线存在非法侵占铁路用地、历史成因复杂、利益主体多元，诉求复杂的问题，检察机关通过办理行政公益诉讼案件，积极与铁路安全监管部门、行政主管部门进行磋商，督促相关责任主体在明确职责后依法履职，齐抓共管，为铁路运输安全和人民群众出行安全保驾护航。

【基本案情】

铁路京沪线为客货共线国铁Ⅰ级双线电气化铁路，是我国四大繁忙干线之一，运营时速为 160 千米每小时，日发旅客列车 66 对。京沪线连接我国政治中心与经济中心，沿途大多为经济发达地带，同时带动苏北、皖北等地区发展，是中国铁路网中南北走向的大动脉。该线昆山站至正仪站（K1395+400 至 K1396+300）地块被长期非法侵占并突破原租赁协议区域，非法侵占面积由原 2.98 万平方米扩大至 10 万平方米。非法侵占地块被分割出租、违法兴建办公用房、各类仓库、堆场，囤放大量易燃易爆物品，装有危险化学品车辆随意停放，极易引发爆燃等事故，部分违章建筑物位于铁路安全保护区内，并在铁路路基处开挖涵洞作为通行便道存在重大安全隐患，严重影响铁路京沪线运行安全。

【调查和督促履职】

上海铁路运输检察院（以下简称上海铁检院）接到铁路上海工务段移送线索，先后多次赴现场进行勘验，并赴铁路上海工务段、原承租人处调查了解情况，详细核实该地块被长期违法占用原因，收集固定相关证据。立案后，经进一步调查核实，涉事地块属于划拨铁路用地，土地使用权人为中国铁路上海局集团有限公司。2013 年 7 月 1 日至 2014 年 12 月 31 日，铁路上海工务段与原承租人签订了《铁路用地临时借用协议》。协议期满后，该承租人仍长期违法占用该地块，且擅自突破协议临时用地范围，在未经审批的情况下改变土地用途，实际占用面积约 10 万平方米，严重影响铁路运行安全，致使国家利益和社会公共利益受到侵害。铁路上海工务段多次要求原承租人搬离、腾退上述违法占用土地，恢复净地状态，但该企业均不予配合，同时上海工务段也多次函告涉案地块所在江苏省昆山市有关职能部门对上述土地进行清理，但收效不佳。

鉴于该案违法侵占铁路用地存在时间长，整治阻力大，上海铁检院开展了细致调查核实工作，多次赴非法侵占地块现场进行勘验核实，并赴铁路监督管理部门、行政主管部门、承租人处进行走访，理清侵占地块上的行政监督管理职能及存在的民事法律关系。经充分调研后，明确了铁路部门与属地行政机关在涉事地块各自职责，国家铁路监督管理局等部门履行铁路安全、运营等方面的行政监管职责，而铁路外部环境整治的大部分行政监管职责划归到铁路线路沿线属地行政主管部门承担。经属地人民政府核实于 2020 年 12 月底批复，上述违法侵占地块内违法建设的建筑物，未履行合法的审批手续，并经责令停止建设或者限期拆除后，仍未停工及拆除，故要求对上述违法施工场地采取立即查封，并组织实施强制拆除等措施。

在强制拆除的过程中，部分承租了违法侵占地块内仓库、厂房当事人存在不理解、不配合的情况，且要求对前期投入进行赔偿，办案检察官主动上门释法说理，说明侵占的违法性与整治的必要性，配合推进违法建筑的拆除工作。因被侵占地块位于江苏省昆山市行政区域内，在行政管辖上呈现跨区划的特点。上海铁检院联系兄弟单位南京铁路运输检察院，与铁路监督管理部门、昆山市交通运输局、昆山高新区管理委员会、昆山市巴城镇人民政府等单位进行多次磋商，并就现场整治工作召开圆桌会议，形成检府协作共同整治方案。

根据方案要求，由属地昆山市人民政府相关职能部门为主导，昆山市交通运输局统一协调，昆山市巴城镇和昆山高新区先后启动辖区内地块整治工作，检察机关在整治过程中履行法律监督职能。经过努力，在各方协作配合下，2021 年年初现场违法建筑拆除和整治工作已全部完成；2022 年 3 月对涉案地块完成覆土绿化；2023 年年底铁路企业依据法院判决收回涉案资产占用费用人民币 400 余万元。

【典型意义】

铁路沿线外部环境整治的问题，涉及地域面较广，在行政管辖上呈现跨区划的特点，形成的历史原因复杂，涉及的利益主体较多，为整治工作带来一定的困难。上海铁检院以行政公益诉讼为抓手，探索区域一体化协作办案，积极与有关部门沟通、磋商，督促行政机关在明确职责后依法履职，推动问题解决。同时整治中既要考虑到问题的违法性和侵害性，也要保护当事人的合法权益，做好释法说理工作，争取当事人的理解及行政机关的支持，形成合力，推动问题整治，实现双赢多赢共赢的社会效果。

地方工作

DIFANG GONGZUO

北京市人民检察院第四分院关于京津冀铁检机关开展“公益诉讼护航轨道上的京津冀”专项工作的方案

自 2017 年以来，北京市人民检察院第四分院两级四院提高政治站位，深入贯彻总体国家安全观，充分发挥铁路检察院体制优势及公益诉讼职能优势，先后开展了推动解决铁路线下安全隐患专项活动、“保障铁路旅客舌尖上的安全”专项活动、高铁沿线外部环境安全隐患集中整治专项活动和加强普铁安全隐患综合治理三年行动、平安铁路“消隐促建”专项行动等系列涉铁专项工作，取得了良好成效。在京津冀协同发展重大国家战略实施十周年的重要时期，为进一步贯彻最高检“为大局服务、为人民司法、为法治担当”精神部署，落实最高检公益诉讼检察厅《关于充分发挥公益诉讼检察职能督促防范化解安全生产风险隐患的通知》要求及北京市委平安铁路“消隐促建”常态化工作部署，经四分院党组研究，2024 年决定两级四院部署开展京津冀铁检机关“公益诉讼护航轨道上的京津冀”专项工作，现制定工作方案如下：

一、指导思想

深入贯彻习近平法治思想、总体安全观和习近平总书记关于安全生产工作、铁路安全的系列重要指示批示精神，立足从根本上消除京津冀铁路沿线安全事故隐患，依法履行公益诉讼等检察职能的同时，坚持标本兼治，坚持依法治理、源头治理、系统治理、综合治理，坚持路地统筹规划、一体推进，促进铁路沿线安全隐患治理、铁路沿线周边环境景观明显提升、铁路安全立体防控体系和长效管控机制进一步完善。

二、工作目标

通过公益诉讼等履职办案，推进铁路安全隐患治理，突出隐患问题得到切实解决，铁路沿线环境品质进一步提升；结合履职办案，产出一批高质效案件，发挥典型引领示范作用；深入落实数字检察战略促进涉铁公益诉讼工作转型升级、提质增效；进一步总结、创新工作经验，推动检（检察机关）路（铁路企业）地（属地政府）协同、检（铁路检察机关）检（属地检察机关）协作共同合力推进平安铁路建设的机制进一步完善。

三、实施步骤

专项工作为期10个月，主要分以下三个阶段开展：

（一）线索摸排阶段（2024年3月—4月）

以有关法律法规为依据，围绕隐患排查重点（见附件1），进行现场勘查和线索筛查，细化隐患点位信息，建立精准详实的隐患问题台账，并按照隐患威胁安全程度进行分级分类，督促相关责任部门制定整治工作计划，对紧迫隐患问题要立即督促整治。

（二）案件办理阶段（2024年5月—9月）

积极开展现场调查取证。通过拍照、录像、调取书证等方式，依法全面客观收集证据，做好勘验笔录，及时取证固证，夯实案件事实基础。厘清行政机关监管职责，明确监督对象，正确适用法律法规。对于符合行政公益诉讼立案条件的，依法立案审查并启动行政公益诉讼起诉前程序，向相关职能部门发送检察建议或开展磋商，督促行政机关依法履职，促进依法行政。做好起诉前程序案件的跟进监督，确保整改落地见效。对起诉前整改不到位、符合起诉条件的，要敢于依法提起诉讼，以诉的确认体现司法价值的引领。同时注意发现民事公益诉讼线索，对于符合民事公益诉讼立案条件的，及时开展民事公益诉讼工作。对重大疑难复杂问题或跨行政区划安全隐患问题，要及时向分院请示汇报。对办案中涉及法律适用、证据认定、诉讼请求确认、疑难问题、风险防控等加强研判，确保精准规范办理。通过“路地军”检察机关深入协作，在地方政府、行政主管机关与铁路管理单位之间架起沟通桥梁、凝聚整改合力，发挥公益诉讼协调机制作用，协调相关单位会商研判，促成整改方案科学调整，从源头消除安全隐患，节约行政治理成本。

（三）总结宣传阶段（2024 年 10 月）

建立专项工作专报制度，各基层院定期向四分院报送专项工作开展情况（包括案件线索数、立案数、起诉前程序数、起诉数、听证数、整改效果等），25 日前将工作小结报送四分院；各基层院 10 月 25 日前报送专项工作总结，四分院全面总结后报送市院。四分院统筹对专项工作开展系列宣传，日常工作中各基层院及时上报工作亮点、经验做法、典型案例、先进事迹等方面的新闻宣传稿。

四、工作要求

（一）各院高度重视，加强组织领导

该专项工作是检察机关服务保障大局向京津冀协同发展重大国家战略实施十周年的重要献礼，也是铁路检察机关工作的特色和亮点，具有十分重要的意义。各院要高度重视，组织专门力量，主管检察长靠前指挥，随时把握工作进展情况，确保专项工作顺利开展。四分院在市院的领导下，积极履行分院职责，适时召开工作推进会，发现问题及时督促解决；四分院及各基层院领导加强对“硬骨头”案件、新型案件的工作协调、疑难法律问题研究指导。秉承预防性司法理念，将安全生产风险和事故隐患消除在萌芽状态。

（二）树立数字检察理念，注重大数据模型建用

认真学习借鉴“北京市平安铁路建设协调综合管理信息系统”，积极争取上级及北京路局等各方面的支持，积极建用“京津冀检察版涉铁公益诉讼法律监督模型”，利用数据模型拓展案件线索及办理涉铁高质效案件。

（三）树立高质效意识，严把案件质量关

各院部门负责人和承办检察官应当对事实认定、法律适用、建议内容以及被监督单位可能开展的整改工作等各个环节认真分析研判，确保案件质量。各院在发出检察建议以及收到回函后及时向四分院备案。各院在专项工作期间至少培育1件高质效案件，力争择优推荐为省、直辖市典型案例，积极鼓励办成涉铁公益诉讼指导性案例。各院对于可能成为高质效的案件及时报告四分院，四分院建立高质效案件台账，加强对高质效案件的支持指导。

（四）加强沟通配合，形成工作合力

加强与铁路企业、属地政府的沟通配合，建立完善检路地协同工作机制，形成治理工作合力。坚持检察一体，加强分院与基层院、铁路检察院与属地检察院之间的沟通配合，建立完善协作工作机制，形成检察工作合力。坚持融合履职，公益诉讼办案中发现刑事、民事、行政检察、职务犯罪线索，及时移送相关部门并加强协作，通过融合履职更好地推进全面治理。

附件：

1.《关于开展京津冀检察机关"公益诉讼护航轨道上的京津冀"专项工作指引（试行）》

2.《高速铁路安全防护管理办法》

3.《国务院办公厅转发交通运输部等单位关于加强铁路沿线安全环境治理工作意见的通知》

4.《北京市铁路干线两侧隔离带规划建设管理暂行规定》

北京市人民检察院第四分院

2024 年 3 月 8 日

附件 1

关于开展京津冀检察机关“公益诉讼护航轨道上的京津冀”专项工作指引（试行）

为保障铁路的运行质量，助力铁路建设高质量发展，加快消除铁路沿线安全隐患，制定《“护航轨道上的京津冀涉铁检察公益诉讼专项行动”工作指引（试行）》，供各院在后期开展工作中予以参考。同时，鼓励各院在指引现有内容的基础上积极探索，就开展工作中发现的新情况、新问题、新的经验做法及时向四分院报送，四分院对本指引继续予以完善。

一、铁路沿线安全环境总体要求

1. 我国铁路类型和铁路沿线安全环境整治整体要求

我国铁路的种类包括国家铁路、地方铁路、专用铁路和铁路专用线四种。

其中国家铁路是指由国务院铁路主管部门管理的铁路；地方铁路是指由地方人民政府管理的铁路；专用铁路是指由企业或者其他单位管理，专为本企业或者本单位内部提供运输服务的铁路；铁路专用线是指由企业或者其他单位管理的与国家铁路或者其他铁路线路接轨的岔线。

结合《国务院办公厅转发交通运输部等单位关于加强铁路沿线安全环境治理工作意见的通知》的相关工作指导，铁路沿线安全环境治理总体要求是构建政府主导、部门指导、企业负责、路地协同、多方共治的工作格局，依法解决突出问题，及时消除事故隐患，去存量、控增量，有效防范化解风险，持续改善铁路沿线安全环境。

2. 铁路沿线安全保护区范围

铁路线路安全保护区的范围，从铁路线路路堤坡脚、路堑坡顶或者铁路桥梁（含铁路、道路两用桥，下同）外侧起向外的距离分别为：

（1）城市市区高速铁路为10米，其他铁路为8米；

（2）城市郊区居民居住区高速铁路为12米，其他铁路为10米；

（3）村镇居民居住区高速铁路为15米，其他铁路为12米；

（4）其他地区高速铁路为20米，其他铁路为15米。

二、公益诉讼线索摸排方式

可通过以下方式对铁路沿线安全环境治理隐患进行摸排：

1. 可通过数据赋能，利用大数据和卫星地图影像发现铁路沿线安全环境隐患可疑点位；

2. 可利用地方政府“双段长”机制，联络交通局等部门，从辖区铁路沿线风险隐患台账中发现违法线索；

3. 可通过实地走访等方式发现铁路沿线是否存在违法情形。

各院在前期摸排中好的经验、方法，四分院及时予以发布供各院参考。

三、可能涉及的违法情况

（一）铁路沿线可能涉及的违法情形包括：

1. 在高速铁路和旅客列车运行区段铁路线路安全保护区内，擅自建设施工、取土、挖砂、挖沟、采空作业或者其他违法行为，造成或者可能造成线路几何尺寸变化，线路基础空洞、下沉坍塌、线路中断，或者施工机具侵入铁路建筑限界的；

2. 高速铁路和旅客列车运行区段铁路两侧危险物品生产加工、销售、储存场所、仓库，不符合国家标准、行业标准规定的安全防护距离且未签订安全生产协议的；

3. 在高速铁路和旅客列车运行区段跨越、穿越铁路铺设或者与铁路平行埋设，或者架设的油气管道不符合国家及行业相关规定的；

4. 高速铁路和旅客列车运行区段两侧的塔杆等高大设施公跨铁桥梁、公铁并行道路、渡槽、线缆等设备设施（含防撞护栏防抛网等附属设施）及日常管理不符合国家及行业相关规定的；

5. 在高速铁路两侧200米范围内或者有关部门依法设置的地面沉降区域地下水禁止开采区或者限制开采区抽取地下水，影响铁路基础稳定的；

6. 在高速铁路和旅客列车运行区段铁路两侧，从事采矿采石或者爆破作业，不遵守有关采矿和民用爆破的法律法规、国家标准、行业标准和铁路安全保护要求的；或者在线路两侧及隧道上方中心线两侧各1000米范围内从事露天采矿、采石或者爆破作业的；

7. 违反国家《生产建设项目水土保持技术标准》规定，擅自在铁路两侧设置弃土（石、渣）场或者采矿（采空）区，开挖山体、河道等动土作业，造成影响行洪、产生泥石流或者山体滑坡的；

8. 在高速铁路和旅客列车运行区段铁路桥梁跨越处，河道上游500米、下游规定范围内（桥长不足100米的为1000米、桥长100米至500米的为2000米、桥长500米以上的为3000米）采砂淘金的；

9. 在高速铁路和旅客列车运行区段铁路桥梁跨越处，河道上下游各1000米范围内围垦造田、拦河筑坝、架设浮桥或者修建其他影响铁路桥梁安全设施，或者在河道上下游各500米范围内进行疏浚作业的；

10. 在高速铁路和旅客列车运行区段铁路隧道上方山体违规进行钻探作业的；

11. 高速铁路和旅客列车运行区段两侧铁路地界以外的山坡地水土保持治理不到位，存在溜坍侵入铁路限界现实危险的。

12. 铁路运输企业站、场、段、库等运输经营管理设施及“一带一路”重点场、站、所区段线路等是否可能存在设施设备安全隐患、违法违规行为、安全管理缺陷、非法违法建筑、私拉乱建、违法违规施工作业和生产经营、安全疏散条件不足、违规设置防盗网和广告牌等突出问题。

（二）涉及铁路沿线安全的法律规范

1. 铁路沿线整治参考法律规范

（1）《中华人民共和国铁路法》（2015 年修正）

第六条 公民有爱护铁路设施的义务。禁止任何人破坏铁路设施，扰乱铁路运输的正常秩序。

第四十五条 铁路线路两侧地界以外的山坡地由当地人民政府作为水土保持的重点进行整治。铁路隧道顶上的山坡地由铁路运输企业协助当地人民政府进行整治。铁路地界以内的山坡地由铁路运输企业进行整治。

第四十七条 禁止擅自在铁路线路上铺设平交道口和人行过道。

平交道口和人行过道必须按照规定设置必要的标志和防护设施。

行人和车辆通过铁路平交道口和人行过道时，必须遵守有关通行的规定。

第四十九条 对损毁、移动铁路信号装置及其他行车设施或者在铁路线路上放置障碍物的，铁路职工有权制止，可以扭送公安机关处理。

第五十二条 禁止在铁路线路两侧二十米以内或者铁路防护林地内放牧。对在铁路线路两侧二十米以内或者铁路防护林地内放牧的，铁路职工有权制止。

（2）《铁路安全管理条例》（2014 年 1 月 1 日施行）

第二十七条 铁路线路两侧应当设立铁路线路安全保护区。铁路线路安全保护区的范围，从铁路线路路堤坡脚、路堑坡顶或者铁路桥梁（含铁路、道路两用桥，下同）外侧起向外的距离分别为：

（一）城市市区高速铁路为 10 米，其他铁路为 8 米；

（二）城市郊区居民居住区高速铁路为 12 米，其他铁路为 10 米；

（三）村镇居民居住区高速铁路为 15 米，其他铁路为 12 米；

（四）其他地区高速铁路为 20 米，其他铁路为 15 米。

前款规定距离不能满足铁路运输安全保护需要的，由铁路建设单位或者铁路运输企业提出方案，铁路监督管理机构或者县级以上地方人民政府依照本条第三款规定程序划定。

在铁路用地范围内划定铁路线路安全保护区的，由铁路监督管理机构组织铁路建设单位或者铁路运输企业划定并公告。在铁路用地范围外划定铁路线路安全保护区的，由县级以上地方人民政府根据保障铁路运输安全和节约用地的原则，组织有关铁路监督管理机构、县级以上地方人民政府国土资源等部门划定并公告。

铁路线路安全保护区与公路建筑控制区、河道管理范围、水利工程管理和保护范围、航道保护范围或者石油、电力以及其他重要设施保护区重叠的，由县级以上地方人民政府组织有关部门依照法律、行政法规的规定协商划定并公告。

新建、改建铁路的铁路线路安全保护区范围，应当自铁路建设工程初步设计批准之日起30日内，由县级以上地方人民政府依照本条例的规定划定并公告。铁路建设单位或者铁路运输企业应当根据工程竣工资料进行勘界，绘制铁路线路安全保护区平面图，并根据平面图设立标桩。

第二十八条 设计开行时速120公里以上列车的铁路应当实行全封闭管理。铁路建设单位或者铁路运输企业应当按照国务院铁路行业监督管理部门的规定在铁路用地范围内设置封闭设施和警示标志。

第二十九条 禁止在铁路线路安全保护区内烧荒、放养牲畜、种植影响铁路线路安全和行车瞭望的树木等植物。

禁止向铁路线路安全保护区排污、倾倒垃圾以及其他危害铁路安全的物质。

第三十一条 铁路线路安全保护区内既有的建筑物、构筑物危及铁路运输安全的，应当采取必要的安全防护措施；采取安全防护措施后仍不能保证安全的，依照有关法律的规定拆除。

拆除铁路线路安全保护区内的建筑物、构筑物，清理铁路线路安全保护区内的植物，或者对他人在铁路线路安全保护区内已依法取得的采矿权等合法权利予以限制，给他人造成损失的，应当依法给予补偿或者采取必要的补救措施。但是，拆除非法建设的建筑物、构筑物的除外。

第三十二条 在铁路线路安全保护区及其邻近区域建造或者设置的建筑物、构筑物、设备等，不得进入国家规定的铁路建筑限界。

第三十七条 任何单位和个人不得擅自在铁路桥梁跨越处河道上下游各1000米范围内围垦造田、拦河筑坝、架设浮桥或者修建其他影响铁路桥梁安全的设施。

因特殊原因确需在前款规定的范围内进行围垦造田、拦河筑坝、架设浮桥等活动的，应当进行安全论证，负责审批的机关在批准前应当征求有关铁路运输企业的意见。

第五十一条 禁止毁坏铁路线路、站台等设施设备和铁路路基、护坡、排水沟、防护林木、护坡草坪、铁路线路封闭网及其他铁路防护措施。

第五十二条 禁止实施下列危及铁路通信、信号设施安全的行为：

（一）在埋有地下光（电）缆设施的地面上方进行钻探，堆放重物、垃圾，焚烧物品，倾倒腐蚀性物质；

（二）在地下光（电）缆两侧各1米的范围内建造、搭建建筑物、构筑物等设施；

（三）在地下光（电）缆两侧各1米的范围内挖砂、取土；

（四）在过河光（电）缆两侧各100米的范围内挖砂、抛锚或者进行其他危及光（电）缆安全的作业。

第五十三条 禁止实施下列危害电气化铁路设施的行为：

（一）向电气化铁路接触网抛掷物品；

（二）在铁路电力线路导线两侧各500米的范围内升放风筝、气球等低空飘浮物体；

（三）攀登铁路电力线路杆塔或者在杆塔上架设、安装其他设施设备；

（四）在铁路电力线路杆塔、拉线周围20米范围内取土、打桩、钻探或者倾倒有害化学物品；

（五）触碰电气化铁路接触网。

（3）《高速铁路安全防护管理办法》（2020年7月1日施行）

第十三条 禁止在高速铁路线路安全保护区内烧荒、放养牲畜。

禁止向高速铁路线路安全保护区排污、倾倒垃圾以及其他危害铁路安全的物质。

禁止擅自进入、毁坏、移动高速铁路安全防护设施。

在高速铁路线路安全保护区内建造建筑物、构筑物等设施，取土、挖砂、挖沟、采空作业或者堆放、悬挂物品，必须符合保证高速铁路安全的国家标准、行业标准，征得铁路运输企业同意并签订安全协议，遵守施工安全规范，采取措施防止影响铁路运输安全。铁路运输企业应当公布办理相关手续的部门以及相应的渠道，及时办理相关手续，并派员对施工现场实行安全监督。

第十九条 禁止违反有关规定在高速铁路桥梁跨越处河道上下游的一定范围内采砂、淘金。县级以上地方人民政府水行政主管部门、自然资源主管部门应当按照各自职责划定并公告禁采区域、设置禁采标志，制止非法采砂、淘金行为。

禁止在高速铁路线路路堤坡脚、路堑坡顶或者铁路桥梁外侧起向外各200米范围内抽取地下水；200米范围外，高速铁路线路经过的区域属于地面沉降区域，抽取地下水危及高速铁路安全的，应当设置地下水禁止开采区或者限制开采区，具体范围由地区铁路监督管理局会同县级以上地方人民政府水行政主管部门提出方案，报省、自治区、直辖市人民政府批准并公告。

第二十三条 邻近高速铁路的杆塔应当按照国家标准、行业标准和铁路安全防护要求进行设计安装，杆塔产权单位应当建立定期检查维护制度，确保杆塔牢固稳定。

在高速铁路线路安全保护区内，禁止种植妨碍行车瞭望或者有倒伏危险可能影响线路、电力、牵引供电安全的树木等植物；对已种植的，应当依法限期迁移或者修剪、砍伐。

铁路运输企业发现高速铁路线路安全保护区内既有的林木存在可能危及高速铁路安全隐患的，应当告知其产权人或者管理人及时采取措施消除安全隐患。产权人或者管理人拒绝或者怠于处置的，铁路运输企业应当及时向铁路沿线林业主管部门报告，由林业主管部门协调产权人或者管理人采取措施消除安全隐患。

第二十四条 在高速铁路电力线路导线两侧各500米范围内，不得升放风筝、气球、孔明灯等飘浮物体，不得使用弓弩、弹弓、汽枪等攻击性器械从事可能危害高速铁路安全的行为。在高速铁路电力线路导线两侧升放无人机的，应当遵守国家有关规定。

对高速铁路线路两侧的塑料大棚、彩钢棚、广告牌、防尘网等轻质建筑物、构筑物，其所有权人或者实际控制人应当采取加固防护措施，并对塑料薄膜、锡箔纸、彩钢瓦、铁皮等建造、构造材料及时清理，防止大风天气条件下危害高速铁路安全。

（4）《北京市铁路沿线安全管理规定》（2023年4月15日起施行）

第八条 任何单位和个人都有爱护铁路设施和保护铁路沿线安全的义务，不得实施危害铁路沿线安全的行为。

第十五条 对铁路线路安全保护区内的违法建筑物、构筑物，执法机关应当依法查处。

铁路线路安全保护区内既有的合法建筑物、构筑物由于自身原因危及铁路运输安全的，建筑物、构筑物所有人或管理人应当采取必要的安全防护措施，消除对铁路安全的影响；采取安全防护措施后仍不能保证安全的，应当依法予以处理。

新建、改建铁路影响铁路线路安全保护区内既有的合法建筑物、构筑物的，铁路建设单位或铁路运输企业应当采取必要的安全防护措施，减少对既有的合法建筑物、构筑物的影响。

拆除铁路线路安全保护区内的建筑物、构筑物，清理铁路线路安全保护区内的植物，或者对他人在铁路线路安全保护区内已依法取得的相关合法权利予以限制，给他人造成损失的，应当依法给予补偿或者采取必要的补救措施，但拆除违法建设的建筑物、构筑物和违法种植的植物除外。

第十九条 在铁路线路两侧设置杆塔、烟囱等设施，运行吊车、塔吊等设备，或者种植树木等植物的，应当符合国家标准、行业标准等规定的安全距离，其所有人或者管理人应当采取防护措施，防止倒伏后侵入铁路建筑限界内。不符合安全距离的，所有人或者管理人应当修剪、迁移、拆除或者砍伐。

对铁路线路两侧五百米范围内的彩钢瓦、石棉瓦、树脂瓦、简易房、塑料薄膜、塑料大棚、防尘网、广告牌等轻质物体，以及废品收购站（点）、露天垃圾消纳点等场所，其所有人或者管理人应当采取有效的防风加固等安全防护措施，做好日常管理维护和清理回收工作，防止恶劣气象条件下危及铁路沿线安全。

铁路运输企业应当加强对铁路沿线的巡查，发现前款所有人或者管理人未按照规定采取措施消除安全隐患的，应当及时告知所有人或者管理人采取措施消除安全隐患。所有人或者管理人拒绝或者怠于处置的，铁路运输企业应当及时报告所在地区人民政府依法处置。情况紧急的，铁路运输企业可以先行采取应急处置措施，由此产生的费用由所有人或者管理人承担。

第二十条 禁止在铁路电力线路导线两侧各五百米范围内升放风筝、气球、孔明灯等低空飘浮物体。

禁止在高速铁路电力线路导线两侧各一百米范围内和普通铁路电力线路导线两侧各五十米的范围内违法开展飞行活动。因安全保卫、应急救援、现场勘查、施工作业、气象探测等确需开展上述飞行活动的，应当依法依规办理相关手续，采取必要的安全防护措施，并提前通知铁路运输企业。

（5）《天津市铁路安全管理规定》（2022 年 3 月 1 日施行）

第八条　任何单位和个人都有爱护铁路设施和保护铁路安全的义务，不得实施危害铁路安全的行为。

第十四条　铁路线路两侧应当设立铁路线路安全保护区。铁路线路安全保护区的范围、划定和公告，按照《铁路安全管理条例》的规定执行。

铁路建设单位、铁路运输企业应当根据铁路线路安全保护区划定范围设置安全保护区标桩，铁路沿线有关单位和个人应当予以协助。

第十五条　禁止在铁路线路安全保护区内烧荒、放养牲畜、种植影响铁路线路安全和行车瞭望的树木等植物。

禁止向铁路线路安全保护区排污、倾倒垃圾以及其他危害铁路安全的物质。

第十六条　在铁路线路安全保护区内建造建筑物、构筑物等设施，取土、挖砂、挖沟、采空作业或者堆放、悬挂物品，应当征得铁路运输企业同意并签订安全协议，遵守保证铁路安全的国家标准、行业标准和施工安全规范，采取措施防止影响铁路运输安全。

铁路运输企业应当公布受理渠道、办理程序和办结期限等内容，并派员对施工现场实行安全监督。

第十九条　在铁路线路安全保护区及其邻近区域建造或者设置的建筑物、构筑物、设备等，不得进入国家规定的铁路建筑限界。

铁路线路两侧种植树木或者设置杆塔、烟囱等设施，与铁路线路的距离应当符合国家标准、行业标准等规定，其所有人或者管理人应当采取防护措施防止其倒伏后进入铁路建筑限界。铁路运输企业发现危及铁路安全的，应当及时告知所有人或者管理人消除安全隐患。

第二十一条 禁止在电气化铁路电力线路导线两侧各500米范围内升放风筝、气球等低空飘浮物体。

在高速铁路电力线路导线两侧升放无人机的，应当遵守国家有关规定。

（6）《河北省铁路安全管理规定》（2021年2月1日起施行）

第八条 任何单位和个人都有爱护铁路设施和保护铁路安全的义务，不得实施危害铁路安全的行为。

第十七条 禁止在铁路线路安全保护区内烧荒、焚烧垃圾、放养牲畜、种植影响铁路线路安全和行车瞭望的树木等植物。

禁止向铁路线路安全保护区排污、倾倒垃圾以及其他危害铁路安全的物质。

第十八条 在铁路线路安全保护区内建造建筑物、构筑物等设施，取土、挖砂、挖沟、实施采空作业或者堆放、悬挂物品，应当征得铁路运输企业同意并签订安全协议，遵守保证铁路安全的国家标准、行业标准和施工安全规范，采取措施防止影响铁路运输安全。铁路运输企业应当派员对施工现场实行安全监督。

第十九条 铁路线路安全保护区内既有的建筑物、构筑物危及铁路运输安全的，应当采取必要的安全防护措施；采取安全防护措施后仍不能保证安全的，依照有关法律、法规的规定拆除。

2. 铁路沿线建筑业企业生产经营规范

（1）《铁路安全管理条例》（2014年1月1日施行）

第三十条 在铁路线路安全保护区内建造建筑物、构筑物等设施，取土、挖砂、挖沟、采空作业或者堆放、悬挂物品，应当征得铁路运输企业同意并签订安全协议，遵守保证铁路安全的国家标准、行业标准和施工安全规范，采取措施防止影响铁路运输安全。铁路运输企业应当派员对施工现场实行安全监督。

第三十三条 在铁路线路两侧建造、设立生产、加工、储存或者销售易燃、易爆或者放射性物品等危险物品的场所、仓库，应当符合国家标准、行业标准规定的安全防护距离。

第三十四条 在铁路线路两侧从事采矿、采石或者爆破作业，应当遵守有关采矿和民用爆破的法律法规，符合国家标准、行业标准和铁路安全保护要求。

在铁路线路路堤坡脚、路堑坡顶、铁路桥梁外侧起向外各1000米范围内，以及在铁路隧道上方中心线两侧各1000米范围内，确需从事露天采矿、采石或者爆破作业的，应当与铁路运输企业协商一致，依照有关法律法规的规定报县级以上地方人民政府有关部门批准，采取安全防护措施后方可进行。

第三十六条 在电气化铁路附近从事排放粉尘、烟尘及腐蚀性气体的生产活动，超过国家规定的排放标准，危及铁路运输安全的，由县级以上地方人民政府有关部门依法责令整改，消除安全隐患。

（2）《高速铁路安全防护管理办法》（2020年7月1日施行）

第十七条 在高速铁路线路两侧建造、设立生产、加工、储存或者销售易燃、易爆或者放射性物品等危险物品的场所、仓库的，应当符合国家标准、行业标准规定的安全防护距离。

第十八条 在高速铁路线路两侧从事采矿、采石或者爆破作业的，应当遵守有关采矿和民用爆炸物品的法律法规，符合保障安全生产的国家标准、行业标准和铁路安全保护的相关要求。

在高速铁路线路路堤坡脚、路堑坡顶、铁路桥梁外侧起向外各1000米范围内，以及在铁路隧道上方中心线两侧各1000米范围内，确需从事露天采矿、采石或者爆破作业的，应当充分考虑高速铁路安全需求，依法进行安全评估、安全监理，与铁路运输企业协商一致，依照法律法规规定报经有关主管部门批准，并采取相应的安全防护措施。

矿产资源开采过程中，在矿井、水平、采区设计时，对高速铁路及其主要配套建筑物、构筑物应当划定保护矿柱。

新建高速铁路用地与探矿权人的矿产资源勘查范围、采矿权人的采矿采石影响范围发生重叠或者在尾矿库溃坝冲击范围的，或者新建高速铁路线路跨越上述范围的，铁路建设单位应当与有关权利主体协商一致，签订安全协议，共同制定安全保障措施，按照国家有关规定处理，确保矿山生产经营单位安全生产条件符合相关规定。

第二十条 在高速铁路附近从事排放粉尘、烟尘及腐蚀性气体的生产活动，应当严格执行国家规定的排放标准。

生态环境主管部门应当加大检查和管理力度，对相关违法行为依法进行处罚。

第二十一条 有关单位和个人在高速铁路邻近区域内施工、建造构筑物或者从事其他生产经营活动，应当遵守保证高速铁路安全的法律法规和相关标准，采取措施防止影响高速铁路运输安全。

第二十二条 在高速铁路线路及其邻近区域进行施工作业，应当符合工程建设安全管理规定，并执行铁路营业线施工安全管理规定。建设单位应当会同设计、施工单位与铁路运输企业共同制定安全施工方案，按照方案进行施工。施工完毕应当及时清理现场，不得影响高速铁路运营安全。

铁路运输企业应当向社会公布办理铁路营业线施工手续的部门以及相应的渠道，及时办理相关手续。

在高速铁路线路安全保护区内和纳入邻近营业线施工计划的施工，铁路运输企业应当按照国家规定派员对施工现场实行安全监督。

（3）《北京市铁路沿线安全管理规定》（2023年4月15日起施行）

第十六条 禁止在铁路线路安全保护区内燃放烟花、焰火，焚烧秸秆、垃圾等容易排放烟雾、粉尘、废气的物质。

第十七条 在铁路隧道上方中心线两侧各二百米范围内，进行新建山塘、水库、堤坝，开挖河道、干渠，打井取水，钻探、采空等可能影响隧道安全的施工作业，应当在开工前与铁路运输企业协商一致并签订安全协议，采取措施防止危及铁路安全。

第二十一条 在铁路线路两侧建造、设立生产、加工、储存或者销售易燃、易爆或者放射性物品等危险物品的场所、仓库，应当符合国家标准、行业标准规定的安全防护距离。已建场所、仓库不符合规定的安全防护距离的，应当予以整改，需要转产、停产、搬迁、关闭的，依法组织实施。

（4）《天津市铁路安全管理规定》（2022 年 3 月 1 日施行）

第十八条 在铁路线路两侧建造、设立生产、加工、储存或者销售易燃、易爆或者放射性物品等危险物品的场所、仓库，应当符合国家标准、行业标准规定的安全防护距离。

第二十条 对铁路线路两侧各 500 米范围内的彩钢瓦、石棉瓦、树脂瓦、简易房、塑料薄膜、塑料大棚、防尘网、广告牌等轻质物体以及废品收购点、露天垃圾消纳点等场所，其所有人或者管理人应当加强日常巡查、维护，采取有效的防风加固措施，并对散落的塑料薄膜、防尘网、锡箔纸、反光膜、铁皮等材料及时清理，防止大风等恶劣气象条件下危及铁路运输安全。

（5）《河北省铁路安全管理规定》（2021 年 2 月 1 日起施行）

第六条 在铁路沿线建设开发区、各类园区和建设项目，应当遵守有关法律法规，符合国土空间规划、铁路发展规划和技术规范要求，充分考虑对铁路安全的影响，合理控制建筑高度，严格依法审批。对违法违规建筑，依法予以处置；对既有建筑加强整治，确保安全与美观。

第二十三条 在铁路线路两侧建造、设立生产、加工、储存或者应当征得铁路运输企业同意并签订安全协议销售易燃、易爆以及放射性物品等危险物品的场所、仓库，应当符合国家标准、行业标准规定的安全防护距离。

已建的危险化学品生产装置或者储存数量构成重大危险源的危险化学品储存设施不符合前款规定的，由所在地设区的市人民政府应急管理部门会同有关部门监督其所属单位在规定期限内进行整改；需要转产、停产、搬迁、关闭的，由本级人民政府决定并组织实施。

第二十四条 在铁路线路两侧从事采矿、采石或者爆破作业，应当遵守有关采矿和民用爆破的法律、法规，符合国家标准、行业标准和铁路安全保护要求。

在铁路线路路堤坡脚、路堑坡顶、铁路桥梁外侧起向外各一千米范围内，以及在铁路隧道上方中心线两侧各一千米范围内，确需从事露天采矿、采石或者爆破作业的，应当与铁路运输企业协商一致，依照有关法律、法规的规定报县级以上人民政府有关部门批准，采取安全防护措施后方可进行。

因铁路项目建设导致尾矿库可能危及铁路安全的，由铁路项目建设单位出资对尾矿库进行治理，消除安全隐患。

3. 铁路桥梁安全

（1）《铁路安全管理条例》（2014年1月1日施行）

第三十九条 在铁路桥梁跨越处河道上下游各500米范围内进行疏浚作业，应当进行安全技术评价，有关河道、航道管理部门应当征求铁路运输企业的意见，确认安全或者采取安全技术措施后，方可批准进行疏浚作业。但是，依法进行河道、航道日常养护、疏浚作业的除外。

（2）《高速铁路安全防护管理办法》（2020年7月1日施行）

第二十六条 高速铁路应当实行全封闭管理，范围包括线路、车站、动车存放场所、隧道斜井和竖井的出入口，以及其他与运行相关的附属设备设施处所。铁路建设单位或者铁路运输企业应当按照国家铁路局的规定在铁路用地范围内设置封闭设施和警示标志。

高速铁路与普速铁路共用车站的并行地段，在高速铁路线路与普速铁路线路间设置物理隔离；区间的并行地段，在普速铁路外侧依照高速铁路线路标准进行封闭。

高速铁路高架桥下的铁路用地，应当根据周边生产、生活环境情况，按照确保高速铁路设备设施安全的要求，实行封闭管理或者保护性利用管理。

铁路运输企业应当建立进出高速铁路线路作业门的管理制度。

四、可能涉及的行政机关及其职责

（一）综合管理部门

1.《铁路安全管理条例》（2014 年 1 月 1 日施行）

第四条 铁路沿线地方各级人民政府和县级以上地方人民政府有关部门应当按照各自职责，加强保障铁路安全的教育，落实护路联防责任制，防范和制止危害铁路安全的行为，协调和处理保障铁路安全的有关事项，做好保障铁路安全的有关工作。

2.《高速铁路安全防护管理办法》（2020 年 7 月 1 日施行）

第五条 各级公安、自然资源、生态环境、住房和城乡建设、交通运输、水利、应急管理等部门和消防救援机构（以下统称相关部门）应当依照法定职责，协调和处理保障高速铁路安全的有关事项，做好保障高速铁路安全的相关工作，防范和制止危害高速铁路安全的行为。

3.《北京市铁路沿线安全管理规定》（2023 年 4 月 15 日起施行）

第四条 铁路沿线区人民政府应当统筹做好铁路沿线安全环境治理工作，协调铁路沿线安全的重大事项，依法处置铁路沿线安全管理中遇到的重大问题。

铁路沿线乡镇人民政府和街道办事处应当落实铁路沿线安全管理相关责任，加强保障铁路沿线安全教育，落实护路联防责任，防范和制止危害铁路沿线安全的行为，协调和处理保障铁路沿线安全管理有关事项，做好保障铁路沿线安全有关工作。

第六条 本市建立健全由政府相关部门、铁路监督管理机构和铁路运输企业等共同参与的铁路沿线安全管理综合协调机制，实行北京市铁路沿线安全环境治理联席会议制度。铁路沿线各级人民政府有关部门应当按照各自职责，依法做好保障铁路安全的相关工作。

交通运输主管部门按照北京市铁路沿线安全环境治理联席会议制度，组织协调推进本市铁路沿线安全环境治理工作。负责跨越、穿越铁路的道路、轨道及其附属桥梁安全防护的监督管理，配合铁路运输企业解决公路铁路并行路段存在的安全隐患。区政府可根据实际情况指定部门落实本行政区域铁路沿线安全环境治理联席会议制度。

规划自然资源主管部门负责铁路沿线用地秩序的监督管理和地质灾害防治工作的监督指导，依法查处违法建设、违法占地、违法挖沙取土、违法采矿等行为。

公安机关负责维护铁路沿线治安秩序。

住房和城乡建设主管部门依法负责铁路沿线建筑工程质量和施工安全的监督管理。

城市管理主管部门负责铁路沿线周边环境综合整治和供电、供热、燃气等市政公用基础设施运行的监督管理。

农业农村主管部门负责铁路沿线塑料大棚、农田地膜等农业种植设施的安全隐患整治工作，推进铁路沿线周边村庄环境整治提升工作。

应急管理主管部门负责铁路沿线的安全生产综合监督管理，指导、协调、监督本级人民政府有关部门和下级人民政府履行安全生产监督管理职责，指导和协调有关部门开展涉铁路自然灾害和安全生产类突发事件应对工作。

园林绿化主管部门负责指导、监督铁路沿线森林防火、危险树木清理和绿化场地防尘网、苫布等轻质飘浮物的安全隐患整治工作。

城市管理综合行政执法机关负责指导各街道办事处、乡镇人民政府综合行政执法队依法查处铁路沿线市容环境、违法建设等方面违法行为。

消防救援主管部门负责依法履行铁路沿线消防监督检查职责，做好消防应急救援工作。

发展改革、经济和信息化、水务、卫生健康、重点站区、地震、气象等部门依照各自职责，做好铁路沿线安全管理有关工作。

第九条 本市铁路沿线安全环境治理实行“双段长”工作机制。

铁路沿线区人民政府和乡镇人民政府、街道办事处与铁路运输企业应当按照属地管理原则划分路段，各指定一名负责人作为段长，共同负责组织巡查、会商等工作，及时排查、处置影响铁路沿线安全的问题。

4.《天津市铁路安全管理规定》（2022 年 3 月 1 日施行）

第六条 市和铁路沿线区人民政府有关部门应当按照各自职责，依法做好保障铁路安全的有关工作。

交通运输管理部门负责统筹协调有关部门做好保障铁路安全的有关工作，负责跨越铁路线路的公路桥梁的安全防护和维护管理，加强公路跨越或者穿越铁路施工管理，配合铁路运输企业解决公路铁路并行路段存在的安全隐患。

公安机关负责建立健全铁路治安管理信息互通共享和预警防范、执勤联动、执法协作、应急处置等机制，维护车站、列车等铁路场所和铁路沿线的治安秩序。

城市管理部门负责铁路沿线生活垃圾、建筑垃圾管理工作，负责铁路沿线供热、燃气、城市道路桥梁等市政公用基础设施运行管理的监督检查，负责铁路沿线户外广告设置的监督管理，指导乡镇人民政府、街道办事处依法查处铁路沿线未取得建设工程规划许可的违法建设行为，做好铁路沿线环境卫生管理工作。

规划资源部门负责指导铁路沿线两侧树木安全隐患排查，依法制止和查处铁路沿线违法占地、采矿行为以及未按建设工程规划许可实施的违法建设行为，负责组织铁路沿线地质灾害防治工作。

农业农村部门负责指导和监督铁路沿线农用薄膜、塑料大棚、反光膜、防虫防鸟网等农业种植、养殖设施安全隐患排查整治工作。

应急管理部门负责与铁路监督管理机构建立信息通报制度和运输安全生产协调机制，依法组织做好铁路沿线危险化学品生产经营安全隐患问题的排查整治工作。

生态环境部门负责督促指导铁路沿线两侧防尘网的巡查、管理和维护。

发展改革、住房城乡建设、市场监管、水务、气象等部门应当按照各自职责，做好铁路沿线安全管理有关工作。

第十条 本市建立健全护路联防责任制，明确各级护路联防组织，划定责任区域，落实护路联防责任。

护路联防组织应当协调相关部门和单位做好铁路沿线治安整治、安全隐患排查治理、爱路护路宣传等工作。

第十一条 铁路沿线区人民政府和乡镇人民政府、街道办事处与铁路运输企业应当按照国家和本市有关规定，实行铁路沿线安全环境管理“双段长”工作机制，完善工作制度，共同承担组织巡查、协调会商等工作，及时排查和处置影响铁路安全的问题和隐患。

5.《河北省铁路安全管理规定》（2021年2月1日起施行）

第十二条 铁路沿线县级以上人民政府有关部门应当按照职责分工，共同做好保障铁路安全的相关工作。

交通运输主管部门负责铁路线路安全保护区内、下穿铁路以及路堑上的公路、跨越铁路线路的公路桥梁的安全防护和维修管理工作，配合铁路运输企业解决公路铁路并行路段存在的安全隐患，协商铁路运输企业做好铁路桥梁跨越处规定范围内的航道养护和疏浚作业。

发展改革部门负责指导规范新建、改建铁路项目建设期沿线环境安全隐患的整治。

教育主管部门负责中小学爱路护路教育工作，将铁路安全知识作为中小学校安全教育的内容。

地方公安机关负责维护铁路沿线治安秩序，加强对民用爆炸物品和爆破作业单位以及废旧金属收购站点的安全管理和监督检查，配合铁路公安机关应对处置铁路行车安全相关突发事件。

工业和信息化主管部门负责依法组织实施铁路沿线无线电管制，协调处理铁路专用频率无线电干扰事宜，保障铁路无线电台正常使用。

自然资源主管部门负责依法制止和查处铁路沿线违法占地、采矿行为，维护铁路线路安全保护区内用地秩序。

生态环境主管部门负责电气化铁路附近排放粉尘、烟尘及腐蚀性气体超国家规定标准的生产活动的检查和管理。

住房城乡建设或者城市管理主管部门负责铁路沿线城市和建制镇建成区内的环境卫生、房屋建筑和市政施工现场管理，以及跨越铁路城市桥梁的安全防护和维修管理工作。

水行政主管部门负责铁路沿线河道采砂、围垦河湖、拦河筑坝、架设浮桥和地下水开采的监管工作。

农业农村主管部门负责指导铁路沿线农业农村生产、养殖、塑料大棚、反光膜的隐患整治工作。

应急管理主管部门负责依法做好铁路两侧危险化学品生产装置、储存设施的安全监管以及职责范围内无人看守铁路道口的监护管理工作。

消防救援机构、铁路公安机关按照职责范围依法履行消防监督职责，组织灭火救援工作。

林业和草原主管部门负责监督指导铁路沿线造林绿化、森林防火以及危险树木清理整治工作。

通信管理部门负责铁路沿线通信设施的监管工作。

第十四条 铁路沿线安全按照属地管理原则划分路段，实行双段长责任制。

铁路沿线乡镇人民政府、街道办事处和铁路运输企业各指定一名负责人作为段长，负责组织巡查会商和上报信息等工作，及时排查处置影响铁路安全的问题。

（二）地方人民政府

1.《中华人民共和国铁路法》（2015年修正）

第七条 铁路沿线各级地方人民政府应当协助铁路运输企业保证铁路运输安全畅通，车站、列车秩序良好，铁路设施完好和铁路建设顺利进行。

第四十六条 在铁路线路和铁路桥梁、涵洞两侧一定距离内，修建山塘、水库、堤坝，开挖河道、干渠，采石挖砂，打井取水，影响铁路路基稳定或者危害铁路桥梁、涵洞安全的，由县级以上地方人民政府责令停止建设或者采挖、打井等活动，限期恢复原状或者责令采取必要的安全防护措施。

在铁路线路上架设电力、通讯线路，埋置电缆、管道设施，穿凿通过铁路路基的地下坑道，必须经铁路运输企业同意，并采取安全防护措施。

在铁路弯道内侧、平交道口和人行过道附近，不得修建妨碍行车瞭望的建筑物和种植妨碍行车瞭望的树木。修建妨碍行车瞭望的建筑物的，由县级以上地方人民政府责令限期拆除。种植妨碍行车瞭望的树木的，由县级以上地方人民政府责令有关单位或者个人限期迁移或者修剪、砍伐。

违反前三款的规定，给铁路运输企业造成损失的单位或者个人，应当赔偿损失。

2.《铁路安全管理条例》（2014年1月1日施行）

第四条 铁路沿线地方各级人民政府和县级以上地方人民政府有关部门应当按照各自职责，加强保障铁路安全的教育，落实护路联防责任制，防范和制止危害铁路安全的行为，协调和处理保障铁路安全的有关事项，做好保障铁路安全的有关工作。

第五条 从事铁路建设、运输、设备制造维修的单位应当加强安全管理，建立健全安全生产管理制度，落实企业安全生产主体责任，设置安全管理机构或者配备安全管理人员，执行保障生产安全和产品质量安全的国家标准、行业标准，加强对从业人员的安全教育培训，保证安全生产所必需的资金投入。

铁路建设、运输、设备制造维修单位的工作人员应当严格执行规章制度，实行标准化作业，保证铁路安全。

3.《高速铁路安全防护管理办法》（2020 年 7 月 1 日施行）

第八条 铁路监管部门、高速铁路沿线地方各级人民政府相关部门应当落实“谁执法谁普法”的普法责任制，加强保障高速铁路安全有关法律法规、安全生产知识的宣传教育，增强安全防护意识，防范危害高速铁路安全的行为。

4.《北京市铁路沿线安全管理规定》（2023 年 4 月 15 日起施行）

第四条 铁路沿线区人民政府应当统筹做好铁路沿线安全环境治理工作，协调铁路沿线安全的重大事项，依法处置铁路沿线安全管理中遇到的重大问题。

铁路沿线乡镇人民政府和街道办事处应当落实铁路沿线安全管理相关责任，加强保障铁路沿线安全教育，落实护路联防责任，防范和制止危害铁路沿线安全的行为，协调和处理保障铁路沿线安全管理有关事项，做好保障铁路沿线安全有关工作。

5.《天津市铁路安全管理规定》（2022 年 3 月 1 日施行）

第四条 市人民政府建立健全由市人民政府相关部门和铁路监督管理机构、铁路运输企业参与的铁路安全管理综合协调机制，统筹协调解决铁路安全管理重大问题。

铁路沿线区人民政府应当加强保障铁路安全的教育，落实护路联防责任制，防范和制止危害铁路安全的行为，协调和处理保障铁路安全的有关事项，做好保障铁路安全的有关工作。

铁路沿线乡镇人民政府、街道办事处应当做好辖区内保障铁路安全的有关工作。

6.《河北省铁路安全管理规定》（2021年2月1日起施行）

第四条 铁路沿线各级人民政府和县级以上人民政府有关部门应当按照各自职责，加强铁路安全教育，落实护路联防责任制，防范和制止危害铁路安全的行为，协调和处理保障铁路安全的有关事项，做好保障铁路安全的有关工作。

第五条 铁路沿线县级以上人民政府有关部门应当与铁路监管部门和铁路运输企业建立健全信息互通、协调联动机制，共同做好铁路沿线安全隐患排查治理和矛盾纠纷排查化解等工作，防范和制止危害铁路安全的行为。

（三）水务部门

《铁路安全管理条例》（2014年1月1日施行）

第三十五条 高速铁路线路路堤坡脚、路堑坡顶或者铁路桥梁外侧起向外各200米范围内禁止抽取地下水。

在前款规定范围外，高速铁路线路经过的区域属于地面沉降区域，抽取地下水危及高速铁路安全的，应当设置地下水禁止开采区或者限制开采区，具体范围由铁路监督管理机构会同县级以上地方人民政府水行政主管部门提出方案，报省、自治区、直辖市人民政府批准并公告。

第三十八条 禁止在铁路桥梁跨越处河道上下游的下列范围内采砂、淘金：

（一）跨河桥长500米以上的铁路桥梁，河道上游500米，下游3000米；

（二）跨河桥长100米以上不足500米的铁路桥梁，河道上游500

米，下游2000米；

（三）跨河桥长不足100米的铁路桥梁，河道上游500米，下游1000米。

有关部门依法在铁路桥梁跨越处河道上下游划定的禁采范围大于前款规定的禁采范围的，按照划定的禁采范围执行。

县级以上地方人民政府水行政主管部门、国土资源主管部门应当按照各自职责划定禁采区域、设置禁采标志，制止非法采砂、淘金行为。

（四）道路管理部门

《铁路安全管理条例》（2014年1月1日施行）

第四十条 铁路、道路两用桥由所在地铁路运输企业和道路管理部门或者道路经营企业定期检查、共同维护，保证桥梁处于安全的技术状态。

铁路、道路两用桥的墩、梁等共用部分的检测、维修由铁路运输企业和道路管理部门或者道路经营企业共同负责，所需费用按照公平合理的原则分担。

第九十二条 铁路运输企业、道路管理部门或者道路经营企业未履行铁路、道路两用桥检查、维护职责的，由铁路监督管理机构或者上级道路管理部门责令改正；拒不改正的，由铁路监督管理机构或者上级道路管理部门指定其他单位进行养护和维修，养护和维修费用由拒不履行义务的铁路运输企业、道路管理部门或者道路经营企业承担。

（五）公路管理部门

《铁路安全管理条例》（2014年1月1日施行）

第七条 禁止扰乱铁路建设、运输秩序。禁止损坏或者非法占用铁路设施设备、铁路标志和铁路用地。

任何单位或者个人发现损坏或者非法占用铁路设施设备、铁路标志、铁路用地以及其他影响铁路安全的行为，有权报告铁路运输企业，或者向铁路监管部门、公安机关或者其他有关部门举报。接到报告的铁路运输企业、接到举报的部门应当根据各自职责及时处理。

对维护铁路安全作出突出贡献的单位或者个人，按照国家有关规定给予表彰奖励。

第四十三条 下穿铁路桥梁、涵洞的道路应当按照国家标准设置车辆通过限高、限宽标志和限高防护架。城市道路的限高、限宽标志由当地人民政府指定的部门设置并维护，公路的限高、限宽标志由公路管理部门设置并维护。限高防护架在铁路桥梁、涵洞、道路建设时设置，由铁路运输企业负责维护。

机动车通过下穿铁路桥梁、涵洞的道路，应当遵守限高、限宽规定。

下穿铁路涵洞的管理单位负责涵洞的日常管理、维护，防止淤塞、积水。

第四十四条 铁路线路安全保护区内的道路和铁路线路路堑上的道路、跨越铁路线路的道路桥梁，应当按照国家有关规定设置防止车辆以及其他物体进入、坠入铁路线路的安全防护设施和警示标志，并由道路管理部门或者道路经营企业维护、管理。

附件 2

高速铁路安全防护管理办法

（2020 年 5 月 6 日交通运输部、公安部、自然资源部、
生态环境部、住房城乡建设部、水利部、应急管理部令
第 8 号发布，自 2020 年 7 月 1 日起施行）

第一章　总　　则

第一条　为了加强高速铁路安全防护，防范铁路外部风险，保障高速铁路安全和畅通，维护人民生命财产安全，根据《中华人民共和国铁路法》《中华人民共和国安全生产法》《中华人民共和国反恐怖主义法》《铁路安全管理条例》等法律、行政法规，制定本办法。

第二条　本办法适用于设计开行时速 250 公里以上（含预留），并且初期运营时速 200 公里以上的客运列车专线铁路（以下称高速铁路）。

第三条　高速铁路安全防护坚持安全第一、预防为主、依法管理、综合治理的方针，坚持技防、物防、人防相结合，构建政府部门依法管理、企业实施主动防范、社会力量共同参与的综合治理格局。

第四条　国家铁路局负责全国高速铁路安全监督管理工作。地区铁路监督管理局负责辖区内的高速铁路安全监督管理工作。

国家铁路局和地区铁路监督管理局（以下统称铁路监管部门）应当按照法定职责，健全完善高速铁路安全防护标准，加强行政执法，协调相关单位及时消除危及高速铁路安全的隐患。

第五条　各级公安、自然资源、生态环境、住房和城乡建设、交通运输、水利、应急管理等部门和消防救援机构（以下统称相关部门）应当依照法定职责，协调和处理保障高速铁路安全的有关事项，做好

保障高速铁路安全的相关工作，防范和制止危害高速铁路安全的行为。

第六条 从事高速铁路运输、建设、设备制造维修的相关企业应当落实安全生产主体责任，建立、健全安全生产责任制和高速铁路安全防护相关管理制度，执行国家关于高速铁路安全防护的相关标准，保障安全生产管理机构或者人员配备，加强对从业人员的教育培训，改善安全生产条件，保证高速铁路安全防护所必需的资金投入。

第七条 铁路监管部门、铁路运输企业等单位应当按照国家有关规定制定突发事件应急预案，并组织应急演练。

铁路运输企业应当按照《中华人民共和国突发事件应对法》等国家有关规定，在车站、列车等场所配备报警装置以及必要的应急救援设备设施和人员。

第八条 铁路监管部门、高速铁路沿线地方各级人民政府相关部门应当落实“谁执法谁普法”的普法责任制，加强保障高速铁路安全有关法律法规、安全生产知识的宣传教育，增强安全防护意识，防范危害高速铁路安全的行为。

第九条 支持和鼓励社会力量积极参与高速铁路安全防护工作，铁路监管部门和相关部门以及铁路运输企业应当建立并公开监督举报渠道，根据各自职责及时处理影响高速铁路安全的问题。

对维护高速铁路安全作出突出贡献的单位或者个人，按照有关规定给予表彰奖励。

第二章 线路安全防护

第十条 铁路监管部门应当推动协调相关部门、高速铁路沿线地方人民政府构建高速铁路综合治理体系，健全治安防控运行机制，落实高速铁路护路联防责任制。

第十一条 国家铁路局应当联合国务院相关部门和有关企业、地区铁路监督管理局应当联合地方人民政府及相关部门和有关企业，推动建立安全信息通报和问题督办机制，做到协调配合、齐抓共管、联防联控。

第十二条 高速铁路线路安全保护区的划定，按照《铁路安全管理条例》等法律、行政法规和国家有关规定执行。高速铁路线路安全保护区用地依法纳入国土空间规划统筹安排。

铁路建设单位或者铁路运输企业应当配合地区铁路监督管理局或者地方人民政府开展高速铁路线路安全保护区划定工作。地方人民政府组织划定高速铁路线路安全保护区的，高速铁路线路安全保护区划定并公告完成后，铁路建设单位或者铁路运输企业应当将相关资料提供给地区铁路监督管理局。

建设跨河、临河的高速铁路桥梁等工程设施并划定高速铁路线路安全保护区的，应当符合防洪标准、岸线规划等要求，其工程建设方案应当按照《中华人民共和国水法》《中华人民共和国防洪法》有关规定报经有关水行政主管部门或者经授权的流域管理机构审查同意。

建设跨越或者穿越航道、临航道的高速铁路桥梁、隧道等工程设施并划定高速铁路线路安全保护区的，应当按照《中华人民共和国航道法》有关规定开展航道通航条件影响评价，并报送有关交通运输主管部门或者航道管理机构审核。

第十三条 禁止在高速铁路线路安全保护区内烧荒、放养牲畜。

禁止向高速铁路线路安全保护区排污、倾倒垃圾以及其他危害铁路安全的物质。

禁止擅自进入、毁坏、移动高速铁路安全防护设施。

在高速铁路线路安全保护区内建造建筑物、构筑物等设施，取土、挖砂、挖沟、采空作业或者堆放、悬挂物品，必须符合保证高速铁路安全的国家标准、行业标准，征得铁路运输企业同意并签订安全协议，遵守施工安全规范，采取措施防止影响铁路运输安全。铁路运输企业应当公布办理相关手续的部门以及相应的渠道，及时办理相关手续，并派员对施工现场实行安全监督。

第十四条 高速铁路与道路立体交叉设施及其附属安全设施竣工验收合格后，应当按照国家规定移交有关单位管理、维护。

上跨高速铁路的道路桥梁及其他建筑物、构筑物的管理部门或者经营企业应当建立定期检查及维护机制，定期检查道路桥梁及其他建筑物、构筑物，以及相关的安全防护设施、警示标志，加强风险研判，采取有效措施，防止道路桥梁构筑物、附着物等坠入高速铁路线路。

对可能影响高速铁路安全的检查、维护行为，应当提前与铁路运输企业沟通，共同制定安全保障措施。铁路运输企业应当提供便利条件。

第十五条 下穿高速铁路桥梁、涵洞的道路，其限高、限宽标志和限高防护架应当符合国家标准，由公路管理部门或者当地人民政府指定的部门、铁路运输企业等按照有关规定设置、维护。

下穿高速铁路桥梁、涵洞的道路进行改造时，施工单位要与铁路运输企业协商一致后实施，严格控制桥梁、涵洞下净高，并根据路面标高的变化及时调整限高防护架的设置。

第十六条 跨越、下穿或者并行高速铁路线路的油气、供气供热、供排水、电力等管线规划、设计、施工应当满足相关国家标准、行业标准及管理规定。施工前应当向铁路运输企业通报，与铁路运输企业协商一致后方可施工，必要时铁路运输企业可以派员进行安全防护。对跨越高速铁路的电力线路，应当采取可靠的防坠落措施。

跨越、下穿高速铁路的油气、供气供热、供排水等管线应当设置满足国家相关技术规范和标准要求的安全保护设施。下穿时，优先选择在铁路桥梁、预留管线涵洞、综合管廊等既有设施处穿越；特殊条件下，需穿越路基时，应当进行专项设计，满足路基沉降的限制指标。

并行高速铁路的油气、供气供热、供排水等管线敷设时，最小水平净距应当满足相关国家标准、行业标准和安全保护要求。

油气、供气供热、供排水、电力等管线的产权单位或者经营企业应当加强检查维护管理，确保状态良好。铁路运输企业应当积极配合。

第十七条 在高速铁路线路两侧建造、设立生产、加工、储存或者销售易燃、易爆或者放射性物品等危险物品的场所、仓库的，应当符合国家标准、行业标准规定的安全防护距离。

第十八条 在高速铁路线路两侧从事采矿、采石或者爆破作业的，应当遵守有关采矿和民用爆炸物品的法律法规，符合保障安全生产的国家标准、行业标准和铁路安全保护的相关要求。

在高速铁路线路路堤坡脚、路堑坡顶、铁路桥梁外侧起向外各1000米范围内，以及在铁路隧道上方中心线两侧各1000米范围内，确需从事露天采矿、采石或者爆破作业的，应当充分考虑高速铁路安全需求，依法进行安全评估、安全监理，与铁路运输企业协商一致，依照法律法规规定报经有关主管部门批准，并采取相应的安全防护措施。

矿产资源开采过程中，在矿井、水平、采区设计时，对高速铁路及其主要配套建筑物、构筑物应当划定保护矿柱。

新建高速铁路用地与探矿权人的矿产资源勘查范围、采矿权人的采矿采石影响范围发生重叠或者在尾矿库溃坝冲击范围的，或者新建高速铁路线路跨越上述范围的，铁路建设单位应当与有关权利主体协商一致，签订安全协议，共同制定安全保障措施，按照国家有关规定处理，确保矿山生产经营单位安全生产条件符合相关规定。

第十九条 禁止违反有关规定在高速铁路桥梁跨越处河道上下游的一定范围内采砂、淘金。县级以上地方人民政府水行政主管部门、自然资源主管部门应当按照各自职责划定并公告禁采区域、设置禁采标志，制止非法采砂、淘金行为。

禁止在高速铁路线路路堤坡脚、路堑坡顶或者铁路桥梁外侧起向外各200米范围内抽取地下水；200米范围外，高速铁路线路经过的区域属于地面沉降区域，抽取地下水危及高速铁路安全的，应当设置地下水禁止开采区或者限制开采区，具体范围由地区铁路监督管理局会同县级以上地方人民政府水行政主管部门提出方案，报省、自治区、直辖市人民政府批准并公告。

第二十条 在高速铁路附近从事排放粉尘、烟尘及腐蚀性气体的生产活动，应当严格执行国家规定的排放标准。

生态环境主管部门应当加大检查和管理力度，对相关违法行为依法进行处罚。

第二十一条 有关单位和个人在高速铁路邻近区域内施工、建造构筑物或者从事其他生产经营活动，应当遵守保证高速铁路安全的法律法规和相关标准，采取措施防止影响高速铁路运输安全。

第二十二条 在高速铁路线路及其邻近区域进行施工作业，应当符合工程建设安全管理规定，并执行铁路营业线施工安全管理规定。建设单位应当会同设计、施工单位与铁路运输企业共同制定安全施工方案，按照方案进行施工。施工完毕应当及时清理现场，不得影响高速铁路运营安全。

铁路运输企业应当向社会公布办理铁路营业线施工手续的部门以及相应的渠道，及时办理相关手续。

在高速铁路线路安全保护区内和纳入邻近营业线施工计划的施工，铁路运输企业应当按照国家规定派员对施工现场实行安全监督。

第二十三条 邻近高速铁路的杆塔应当按照国家标准、行业标准和铁路安全防护要求进行设计安装，杆塔产权单位应当建立定期检查维护制度，确保杆塔牢固稳定。

在高速铁路线路安全保护区内，禁止种植妨碍行车瞭望或者有倒伏危险可能影响线路、电力、牵引供电安全的树木等植物；对已种植的，应当依法限期迁移或者修剪、砍伐。

铁路运输企业发现高速铁路线路安全保护区内既有的林木存在可能危及高速铁路安全隐患的，应当告知其产权人或者管理人及时采取措施消除安全隐患。产权人或者管理人拒绝或者怠于处置的，铁路运输企业应当及时向铁路沿线林业主管部门报告，由林业主管部门协调产权人或者管理人采取措施消除安全隐患。

第二十四条 在高速铁路电力线路导线两侧各500米范围内，不得升放风筝、气球、孔明灯等飘浮物体，不得使用弓弩、弹弓、汽枪等攻击性器械从事可能危害高速铁路安全的行为。在高速铁路电力线路导线两侧升放无人机的，应当遵守国家有关规定。

对高速铁路线路两侧的塑料大棚、彩钢棚、广告牌、防尘网等轻质建筑物、构筑物，其所有权人或者实际控制人应当采取加固防护措施，并对塑料薄膜、锡箔纸、彩钢瓦、铁皮等建造、构造材料及时清理，防止大风天气条件下危害高速铁路安全。

第二十五条 铁路运输企业应当对高速铁路线路、防护设施、警示标志、安全环境等进行经常性巡查和维护；对巡查中发现的安全问题应当立即处理，不能立即处理的应当及时报告地区铁路监督管理局或者其他相关部门。巡查和处理情况应当记录留存。

第三章 安全防护设施及管理

第二十六条 高速铁路应当实行全封闭管理，范围包括线路、车站、动车存放场所、隧道斜井和竖井的出入口，以及其他与运行相关的附属设备设施处所。铁路建设单位或者铁路运输企业应当按照国家铁路局的规定在铁路用地范围内设置封闭设施和警示标志。

高速铁路与普速铁路共用车站的并行地段，在高速铁路线路与普速铁路线路间设置物理隔离；区间的并行地段，在普速铁路外侧依照高速铁路线路标准进行封闭。

高速铁路高架桥下的铁路用地，应当根据周边生产、生活环境情况，按照确保高速铁路设备设施安全的要求，实行封闭管理或者保护性利用管理。

铁路运输企业应当建立进出高速铁路线路作业门的管理制度。

第二十七条 铁路运输企业应当在客运车站广场、售票厅、进出站口、安检区、直梯及电扶梯、候车区、站台、通道、车厢、动车存放场所等重要场所和其他人员密集的场所，以及高速铁路桥梁、隧道、重要设备设施处所和路基重要区段等重点部位配备、安装监控系统。监控系统应当符合相关国家标准、行业标准，与当地公共安全视频监控系统实现图像资源共享。

客运车站以及动车存放场所周界应当设置实体围墙。车站广场应当设置防冲撞设施，有条件的设置硬隔离设施。

第二十八条 铁路运输企业应当在高速铁路沿线桥头、隧道口、路基地段等易进入重点区段安装、设置周界入侵报警系统。站台两端应当安装、设置警示标志和封闭设施，防止无关人员进入高速铁路线路。高速铁路周界入侵报警系统应当符合相关国家标准、行业标准。

高速铁路沿线视频监控建设应当纳入当地公共安全视频监控建设联网应用工作体系，并充分利用公共通信杆塔等资源，减少重复建设。

第二十九条 铁路运输企业应当根据沿线的自然灾害、地质条件、线路环境等情况，建立必要的灾害监测系统。

第三十条 高速铁路长大隧道、高架桥、旅客聚集区等重点区域，应当按照国家有关规定设置紧急情况下的应急疏散逃生通道并保证畅通，同时安装、设置指示标识。高速铁路长大隧道的照明设施设备、消防设施应当保持状态良好。

第三十一条 在下列地点，应当按照国家有关规定安装、设置防止车辆以及其他物体进入、坠入高速铁路线路的安全防护设施和警示标志：

（一）高速铁路路堑上的道路；

（二）位于高速铁路线路安全保护区内的道路；

（三）跨越高速铁路线路的道路桥梁及其他建筑物、构筑物。

第三十二条 船舶通过高速铁路桥梁应当符合桥梁的通航净空高度并遵守航行规则。桥区航标中的桥梁航标、桥柱标、桥梁水尺标由铁路运输企业负责设置、维护，水面航标由铁路运输企业负责设置，航道管理部门负责维护。

建设跨越通航水域的高速铁路桥梁，应当根据有关规定同步设计、同步建设桥梁防撞设施。铁路运输企业或者铁路桥梁产权单位负责防撞设施的维护管理。

第三十三条 铁路建设单位应当按照相关法律法规和国家标准、行业标准，在建设高速铁路客运站和直接为其运营服务的段、厂、调度指挥中心、到发中转货场、仓库时，确保相关安全防护设备设施同时设计、同时施工、同时投入生产和使用。

第四章 运营安全防护

第三十四条 除生产作业或者监督检查工作需要外，任何人一律不得进入动车组司机室。

进入动车组司机室，应当严格遵守国家安全管理规定和铁路运输企业安全生产制度。

第三十五条 旅客购买高速铁路列车车票、乘坐高速铁路列车，应当出示有效身份证件。对车票所记载身份信息与所持身份证件或者真实身份不符的持票人，铁路运输企业有权拒绝其进站乘车，并报告公安机关。

依照有关规定办理的高铁快运，铁路运输企业应当对客户身份进行查验，登记身份信息，并按规定对运送的物品进行安全检查。

铁路运输企业应当为公安机关依法履行职责提供数据支持和协助。

第三十六条 铁路禁止或者限制携带的物品种类及其数量由国家

铁路局会同公安部规定。铁路运输企业应当在高速铁路车站、列车等场所对禁止或者限制携带的物品种类及其数量进行公布，并通过广播、视频等形式进行宣传。

第三十七条 铁路运输企业应当依照法律、行政法规和有关规定，承担安全检查的主体责任，设立相应的安检机构和安检场地，配备与运量相适应的安全检查人员和设备设施，对进入高速铁路车站的人员、物品进行安全检查。

从事安全检查的工作人员应当经过识别和处置危险物品等相关专业知识培训并考试合格。安全检查工作人员应当佩戴安全检查标志，依法履行安全检查职责，并有权拒绝不接受安全检查的旅客进站乘车或者经高速铁路运输物品。

第三十八条 禁止任何单位和个人扰乱高速铁路建设和运输秩序，损坏或者非法占用高速铁路设施设备、相关标志和高速铁路用地。

铁路运输企业应当按规定配备安保人员和相应设备、设施，加强安全检查和保卫工作。有关重点目标管理单位应当依照《中华人民共和国反恐怖主义法》等相关法律法规的规定，履行防范和应对处置恐怖活动职责，制定建立公共安全视频图像信息系统值班监看、信息保存使用、运行维护等管理制度，落实对重要岗位人员进行安全背景审查，以及对进入重点目标的人员、物品和交通工具进行安全检查等相关工作。

公安机关应当按照法定职责，维护高速铁路车站、列车等场所和高速铁路沿线的治安秩序，依法监督检查指导铁路运输企业治安保卫工作；依法查处摆放障碍、破坏设施、损坏设备、盗割电缆、擅自进入高速铁路线路等危及高速铁路运输安全和秩序的违法行为。

第三十九条 高速铁路的重要桥梁和隧道按照国家有关规定进行

守护。

第四十条 县级以上各级人民政府相关部门、铁路运输企业应当依照自然灾害防治法律法规的规定，加强高速铁路沿线灾害隐患的排查、治理、通报、预防和应急处理等工作。

高速铁路勘察、设计阶段应当加强地质灾害危险性评估工作，尽量避开地质灾害隐患威胁，无法避让的，应当在设计、建设阶段及时采取治理措施排除地质灾害隐患风险，为铁路建设及运营提供安全环境。

高速铁路规划、勘察、设计、建设，应当优化地质选线，加强沿线区域地震活动性研究。位于活动断裂带的高速铁路，沿线应当装设地震预警监测系统。大型桥梁、隧道、站房等重点工程，应当强化场址地震安全性评价，满足抗震设防相关标准。

县级以上各级人民政府相关部门、铁路运输企业应当依照法律、行政法规的规定，建立地质灾害、气象灾害等预警信息互联互通机制，研判灾害对高速铁路安全的影响，及时进行预报预警。铁路运输企业应当针对不同灾害等级或者情况采取相应的防范措施。

第四十一条 铁路运输企业应当依照有关法律法规和技术标准要求，建立高速铁路网络安全保障体系，落实网络安全管理制度和技术防护措施，制定网络安全事件应急预案，采取有效措施确保网络安全稳定运行，保护旅客、托运人电子信息安全。

第四十二条 铁路运输企业应当遵守消防法律法规规章和消防技术标准，落实消防安全主体责任，制定消防安全制度、消防安全操作规程，配置符合要求的消防设施、器材，设置消防安全标志、组织防火检查，及时消除火灾隐患，制定灭火和应急疏散预案，并定期演练。

消防救援机构等相关部门依法履行消防监督管理职责。

第五章 监督管理

第四十三条 铁路监管部门应当制定年度安全监督检查计划，重点对以下事项进行监督检查：

（一）铁路运输高峰期和恶劣气象条件下关键时期的运输安全；

（二）高速铁路开通运营、重要设施设备运用状态、沿线外部环境等铁路运输安全关键环节；

（三）铁路运输突发事件应急预案的建立和落实情况。

铁路监管部门根据需要，可以牵头协调组织相关部门开展高速铁路安全防护联合监督检查。

第四十四条 铁路监管部门应当对监督检查过程中发现的问题，以及铁路运输企业等单位报送的问题进行梳理分析。对影响高速铁路运营安全的，应当及时采取函告、约谈等方式督促相关企业或者地方政府相关部门落实责任、消除隐患；对安全防护推进不力的部门和单位，可以在铁路监管部门政府网站上向社会公告。

对高速铁路事故隐患，铁路监管部门应当责令有关单位立即排除，并加强督办落实；重大事故隐患排除前或者排除过程中无法保证安全的，铁路监管部门应当责令从危险区域内撤出人员、设备，停止作业，重大事故隐患排除后方可恢复。

相关部门发现铁路安全隐患，属于职责范围内的，应当依法责令有关单位或者个人立即排除。

第四十五条 铁路监管部门和相关部门应当依照法律法规和相关职责规定对影响高速铁路安全的行为进行处罚。

第四十六条 发生涉及高速铁路运输安全的突发事件后，铁路运输企业及其所属的生产经营单位应当立即采取措施组织抢救，防止事故扩大，减少人员伤亡和财产损失，并向事件发生地地方人民政府及相关部门和地区铁路监督管理局报告。

第四十七条 事件发生地相关部门和地区铁路监督管理局接到报告后，应当依照有关法律、行政法规的规定和应急预案要求，立即采取措施控制事态发展，组织开展应急救援和处置工作，并按规定报告。

第六章 附 则

第四十八条 本办法自 2020 年 7 月 1 日起施行。

附件3

国务院办公厅转发交通运输部等单位关于加强铁路沿线安全环境治理工作意见的通知

各省、自治区、直辖市人民政府，国务院各部委、各直属机构：

交通运输部、中央政法委、公安部、自然资源部、生态环境部、住房城乡建设部、水利部、农业农村部、应急部、国家能源局、国家铁路局、中国国家铁路集团有限公司《关于加强铁路沿线安全环境治理工作的意见》已经国务院同意，现转发给你们，请认真贯彻落实。

国务院办公厅

2021年5月19日

交通运输部　中央政法委　公安部　自然资源部　生态环境部　住房城乡建设部　水利部　农业农村部　应急部　国家能源局　国家铁路局　中国国家铁路集团有限公司关于加强铁路沿线安全环境治理工作的意见

铁路沿线安全环境直接关系铁路运输安全畅通。随着我国铁路特别是高速铁路运营里程不断增加，改善铁路沿线安全环境对保障铁路高质量发展和人民群众生命财产安全的作用更加突出。为加强铁路沿线安全环境治理工作，现提出以下意见。

一、总体要求

以习近平新时代中国特色社会主义思想为指导，全面贯彻党的十九大和十九届二中、三中、四中、五中全会精神，坚持人民至上、生命至上，更好统筹发展和安全，树牢底线思维，增强忧患意识，注重标本兼治，构建政府主导、部门指导、企业负责、路地协同、多方共治的工作格局，依法解决突出问题，及时消除事故隐患，去存量、控增量，有效防范化解风险，持续改善铁路沿线安全环境。

二、完善工作机制，压实各方责任，提升多方共治合力

（一）发挥部际联席会议制度统筹协调作用

铁路沿线安全环境治理部际联席会议（简称部际联席会议）按照党中央、国务院决策部署要求，加强对铁路沿线安全环境治理工作的分析研判和统筹协调，推动解决重点难点问题，建立健全治理长效机制，指导督促有关方面共同做好各项工作。各成员单位要认真落实部际联席会议确定的工作任务，畅通信息沟通渠道，联合检查重点问题隐患，主动整改职责内有关问题，积极配合其他单位消除隐患。部际联席会议办公室要建立问题隐患排查清单和工作进展通报制度，及时跟踪了解情况，积极协调解决问题，适时组织开展督导检查，确保部际联席会议议定事项落实到位。

（二）压实各方治理责任

地方人民政府承担属地治理责任，完善工作机制，明确层级责任，保障经费投入，统一协调做好本地区铁路沿线安全环境治理工作。铁路运输企业承担产权范围内治理责任，加强内部安全管理，及时主动向地方人民政府和有关部门报告影响铁路安全的问题隐患，积极联系配合有关方面做好治理工作，按要求完成职责内治理任务。铁路监管部门承担专业监管责任，完善铁路沿线安全环境治理工作各项制度，加强协调督促，依法依规严格监管执法。国务院有关部门承担涉及本领域有关问题隐患治理的指导督促责任，按照法定职责，落实部际联

席会议议定事项，指导督促系统内各单位完成治理任务。

（三）完善护路联防和“双段长”工作机制

发挥平安中国建设护路联防作用，组织专兼职护路队伍加强巡查，及时化解涉及铁路的矛盾纠纷，坚决打击破坏铁路设施和危害乘客安全的违法犯罪活动。地方人民政府分管负责同志和铁路运输企业主管领导牵头负责的“双段长”工作机制要落实巡查制度，妥善处置影响铁路安全的问题隐患，难以处置的按要求主动报告，确保早发现、早治理、早消除。将铁路沿线安全环境治理工作纳入城市运行管理服务平台等协同监管，促进监管政策、措施、力量、资源有效融合。积极组织行业专家、专业机构开展安全咨询服务，做好安全环境评估、治理方案论证等工作，提高专业治理能力。

三、坚持问题导向，实施专项行动，全力消除安全隐患

（四）实施存量隐患集中治理销号行动

以铁路两侧500米范围内的彩钢瓦、石棉瓦、树脂瓦、简易房、塑料薄膜、防尘网、广告牌等轻质物体为重点，建立存量问题隐患库，制定针对性整治方案，实行闭环销号管理，力争2022年年底前全部治理完成。依法划定铁路线路安全保护区，确定铁路沿线地下水禁采区、限采区，合力推动拆除铁路线路安全保护区内违章建筑物，加强对山体边坡、跨越航道桥梁、公铁并行交叉线路等隐患点的治理，完善铁路桥梁标志标识和防撞设施，尽快改善铁路沿线安全环境。

（五）实施重点问题合力攻坚行动

加强铁路线路封闭防护管理，加快对时速120千米以上线路实施全封闭改造，未全封闭前采取有效措施，确保安全；噪声影响超出有关标准的，统筹考虑建设隔声屏障。按照有关责任划分和规定程序，加快推进上跨（下穿）铁路的道路、桥梁以及其他铁路代建设施产权移交工作，铁路运输企业要认真做好问题整改工作，地方有关单位要及时组织验收，确保按期完成。加快完成铁路道口“平改立”，优先实施时速 120 千米以上线路、旅客列车径路、机动车通行繁忙道口的改造工程，有效提高安全防护能力。

（六）实施常态化持续整治行动

将铁路线路安全保护区及桥下用地纳入有关规划统筹安排。依法严厉查处在铁路线路安全保护区内未经批准擅自生产储存危险化学品、采石采矿、开采地下水、挖砂挖沟采空作业、穿越油气电管线、堆放垃圾渣土、私设道口或平过道，以及盗割铁路器材、破坏防护设施等违法行为。建立举报投诉制度，及时调查核实处理社会各界反映的问题，依法从严处置和问责，防止问题隐患反弹。

四、健全法治体系，增强监管能力，建立长效治理机制

（七）完善法规制度

加快制修订铁路法、地方铁路安全法规，夯实法治基础。完善有关规划建设、监管执法、应急处置等制度，确保各环节协调一致。编制日常巡查、联合检查、整改评估、跟踪监督等工作指南和操作手册，实现排查治理工作制度化、规范化。

（八）加强督办考核

各省级人民政府要将铁路沿线安全环境治理工作纳入平安中国建设、沿线市县安全生产、安全发展示范城市、文明城市等考核评价，作为重点工作进行督查，并定期向部际联席会议通报工作进展情况，部际联席会议办公室将组织检查。国务院安全生产委员会办公室要将铁路沿线安全环境治理工作作为对省级人民政府安全生产工作考核的内容。

（九）强化科技支撑

充分运用视频监测、自动控制、人工智能、大数据分析等手段，提升铁路沿线安全环境问题隐患排查治理、违法行为信息采集、关键环节远程监测、工作任务闭环管理等能力。建设铁路沿线安全环境治理信息平台，多渠道采集信息，全过程动态掌握工作进展，实行问题隐患验收销号管理，提高信息化、精细化治理水平。

（十）提升应急能力

开展涉及铁路沿线安全环境应急预案的评估修订工作，优化预防预警、应急准备、信息共享、协同处置、事故调查、灾后恢复等工作程序。建立铁路值班电话与110报警服务台情况互通机制，完善铁路运输企业与公安、自然资源、交通、水利、应急、气象等部门的突发事件报警联动机制，定期组织联合演练，增强协调联动和应急处置能力。

（十一）加强舆论宣传

铁路监管部门、铁路运输企业要结合安全宣传进企业、进农村、进社区、进学校、进家庭工作，会同有关方面充分利用站车、政府网站、电视广播、报刊、新媒体等媒介，主动宣传保护铁路沿线安全环境相关法规、政策等知识，加强爱路护路教育，不断提升全社会共同改善铁路沿线安全环境的意识，营造良好的舆论氛围。

附件 4

北京市铁路干线两侧隔离带规划建设管理暂行规定

（1989 年 3 月 28 日北京市人民政府第 7 号令发布
根据 1994 年 1 月 17 日北京市人民政府批准修改）

第一条 为贯彻执行北京城市总体规划方案，加强铁路干线两侧的规划建设管理，保证铁路运输的安全畅通，绿化美化环境，根据《北京市城市规划条例》和有关规定，制定本规定。

第二条 本市行政区域内的铁路干线（包括京山线、京承线、京秦线、京包线、京通线、丰沙线、京原线、京广线、大秦线和东南环线、东北环线、西北环线）沿线两侧，依照本规定划定隔离带（以下简称隔离带）。

隔离带列为城市建设规划的特定地区，按《北京市城市规划条例》管理。在隔离带内进行建设，必须符合本规定，并按照有关规定的审批程序，报经城市规划行政主管部门审核批准。

第三条 隔离带的范围：

（一）铁路干线通过城镇地区（包括北京城市总体规划方案中规划的城镇建设地区，下同）的路段，以铁路干线（含规划干线）外侧轨道为准，每侧向外划定 30 米为隔离带。

（二）铁路干线通过平原农业区的路段，以铁路干线外侧轨道为准，每侧向外划定 100 米为隔离带。

（三）铁路干线的车站（场）和通过山区路段的隔离带范围，由市城市规划管理局按规划的需要和具体情况确定。

第四条 隔离带内可以植树造林，绿化美化；原是耕地的，仍可种植农作物。但不得妨碍铁路的运输安全和线路设施的管理维护。在隔离带内埋设市政管线，建设道路和管理养护铁路所必需的道班房、变电站等铁路运输维护设施，必须符合规划的要求。

第五条 隔离带内不得新建或扩建城市建设工程。现有城市建设工程，应按照市城市规划管理局制定的调整改造方案，逐步迁出隔离带。属危险房屋，迁出隔离带又确有困难的，只许在原用地范围内进行必要的翻建，不准扩大用地，不准增加建筑物的高度。

第六条 隔离带内的村镇（不包括建制镇）建设，须遵守下列规定：

（一）现有乡镇的机关、企业事业单位确需在隔离带内新建、扩建、翻建办公或生产用房的，只许在原建设用地范围进行建设，不准扩大用地。

（二）确因群众实际生活需要，必须在隔离带内新建、扩建商业、服务业用房和农民住房的，必须按照规划要求严格控制。翻建房屋不得增加高度。

（三）山区的铁路干线两侧隔离带内的村镇建设，由城市规划行政主管部门视具体情况按规划要求管理。

第七条 违反本规定，擅自在隔离带内占地建设的，由城市规划行政主管部门按违法建设处理。

第八条 城市规划行政主管部门及其工作人员，必须廉洁奉公，严肃执法，秉公办事。对违反本规定，越权审批的，审批机关应承担由此造成的经济损失，并应追究审批机关负责人和直接责任人员的行政责任。

第九条 本规定执行中的具体问题，由市城市规划管理局负责解释。

第十条 本规定自1989年5月1日起施行。

河南省人民检察院郑州铁路运输分院 中国铁路郑州局集团有限公司 关于做好“加大铁路外部环境安全检察公益诉讼办案力度强化铁路安全法治保障”工作的通知

郑州铁路运输检察院、洛阳铁路运输检察院，中国铁路郑州局集团有限公司所属各单位：

为认真落实最高人民检察院办公厅和中国国家铁路集团有限公司办公厅联合印发《关于加大铁路外部环境安全检察公益诉讼办案力度强化铁路安全法治保障的通知》精神，充分发挥公益诉讼检察职能，扎实推进中国铁路郑州局集团有限公司辖区铁路外部环境安全治理工作，营造铁路安全良好法治环境，助力维护铁路安全稳定、保障人民安全出行，现就有关事项通知如下。

一、提高政治站位，强化责任担当

铁路安全是总体国家安全的重要组成部分。加强和改善铁路外部环境安全，对于促进铁路安全，服务铁路高质量发展，保障人民群众生命财产安全具有重要意义。国务院办公厅转发的交通运输部等部门《关于加强铁路沿线安全环境治理工作的意见》强调，要坚持人民至上、生命至上，构建政府主导、部门指导、企业负责、路地协同、多方共治的工作格局，依法解决突出问题，及时消除安全隐患，有效防范化解风险，持续改善铁路沿线安全环境。河南省人民检察院郑州铁路运输分院（以下简称“郑州铁检分院”）、中国铁路郑州局集团有限公司（以下简称“郑州局集团公司”）所属各单位要充分认识加强铁路外部环境安全治理工作的重要意义，把维护铁路外部环境安全作为一项重要政治任务，树牢红线意识，强化责任担当，积极稳妥、精准规范开展铁路外部环境安全公益诉讼检察工作，通过高质效办案系统整治突出安全隐患，推动铁路高质量发展、高水平安全。

二、聚焦突出隐患，强化精准监督

郑州铁检分院、郑州局集团公司所属各单位要针对影响铁路外部环境安全的重点问题，组织开展隐患排查、动态研判，准确把握工作形势，聚焦以下难点、痛点问题，强化监督检查，推动形成重大事故隐患动态清零的常态化机制。

（一）公跨铁立交桥、公铁并行、铁跨公桥梁、铁路沿线油气管线等高危安全隐患

围绕公跨铁防撞护栏等级不足，桥梁失管失修老化劣化，公铁并行防撞护栏缺失或强度不足，铁跨公桥梁机动车撞击限高架和铁路桥梁，油气管线违法下穿铁路线路、并行间距不足、下穿埋深不足、安全防护设施不符合规范易引发火灾等问题，强化与属地政府及相关职能部门的协作配合，一体推进风险隐患化解。同步加强对船舶撞击铁路桥梁、公铁水交汇地段安全管控不到位、防护设备设施不达标、标志标线不齐全等问题隐患的监督检查，督促相关部门及时查处。

（二）飘浮物、危树等异物侵限，危及列车行车安全问题

针对铁路两侧500米范围内彩钢瓦、广告牌、农业大棚等构筑物因安装加固强度不足、遇大风等恶劣天气刮落至铁路线路，以及风筝、气球等轻飘物飘至铁路线路导致接触网挂异物，可能引起铁路供电故

障进而造成列车延误、危及列车运行安全等隐患，常态化加强与属地政府及相关职能部门的协调联动，及时发现和消除隐患。加强对铁路沿线树木影响行车瞭望、倒伏，放养牲畜上道，铁路沿线烧荒、排污、倾倒垃圾或其他危害铁路安全物质等问题的监督检查，督促相关部门进行查处。

（三）铁路沿线生产、加工、储存危化品等高危作业安全监管问题

针对铁路沿线建造、设立、生产、加工、储存、销售易燃易爆等危险物品的场所，强化安全监管，确保满足国家标准、行业标准规定的安全防护距离。加强对铁路沿线采矿、采石、爆破作业的监督检查，确保符合国家标准、行业标准和铁路安全防护要求。对相关作业依法应当与铁路运输企业协商一致、报有关部门批准并采取安全防护措施的，监督严格按规定执行，对不符合规定的督促相关部门查处。

（四）铁路沿线违法施工、违法侵占、违法经营问题

聚焦未依法商铁路运输企业同意、签订安全协议而擅自在铁路沿线违法施工；建造建（构）筑物、取土、挖砂、挖沟、取水、堆放物品，影响铁路线路基础稳定，发生大型施工机械侵限；在铁路线路安全保护区内违法占地、施工、经营、停放车辆、堆放杂物，以及易引发火灾的安全隐患问题，重点开展监督检查。对跨越河道的铁路桥梁，加强跨越处河道上下游一定范围内围垦造田、拦河筑坝、架设浮桥、采砂、淘金、疏浚作业等的检查。对行为人拒不纠正、持续危害铁路安全的，督促相关部门及时查处。

（五）干扰铁路无线电、信息管理系统、通信信号设施等安全稳定运行问题

针对非法设置无线电台（站）、滥用无线电频率，干扰铁路运营指挥调度和无线通信系统频率正常使用；采用非法技术手段侵入、干扰、破坏铁路管理信息系统；在埋有地下光（电）缆设施的地面上方钻探；在铁路电力线路杆塔周围打桩等危害铁路通信信号设施、电气化铁路设施的行为，督促相关部门及时加大查处力度。

（六）其他需要重点监督的铁路外部环境安全隐患

三、挂图分步作战，确保协作质效

铁路外部环境安全治理工作要坚持目标导向、效果导向，分阶段、分步骤精心组织实施，确保年内取得实效，并持续深入推进。

（一）动员部署、隐患排查

郑州铁检分院、郑州局集团公司所属各单位可采取部署会、推进会等形式，对该项工作进行宣传发动，加强沟通联系，强化与铁路监管机构协作配合，推进开展对铁路外部环境安全隐患的滚动摸排，形成工作台账。

（二）分类研究、线索移送

针对各类隐患情况进行梳理分析，对照相关法律法规，按照铁路外部环境安全隐患的严重程度和所涉及的不同法律关系，逐一研究对策。郑州局集团公司对需要检察机关督促行政机关履职、消除安全隐患的事项，应根据双方会签的《关于建立重大安全隐患线索移送及工作协调机制的意见》规定，要及时移交线索。郑州铁检机关发现涉嫌犯罪或者其他违法违纪线索的，应当依法依规办理，或者移送其他有管辖权的主管机关。

（三）深入调查、公益保护

郑州铁检机关应认真开展调查核实工作，对符合立案条件的及时立案，依法依规与属地政府或相关职能部门磋商、制发检察建议；对符合铁路交通重大事故隐患判定标准的，该起诉的坚决诉讼，有效督促整治铁路外部环境安全隐患。郑州局集团公司应积极配合检察机关开展工作。

（四）督导推动、总结经验

针对工作开展不力或解决问题阻力较大的地方，郑州铁检分院第四检察部和郑州局集团公司安监室、企法部将适时派组督促、指导。同时认真总结经验做法，不断健全完善检察机关与铁路运输企业预防和整治铁路外部环境安全隐患的长效工作机制。

（五）深入协作、探索拓展

郑州铁检分院、郑州局集团公司所属各单位要加强沟通联系，强化协作配合，不断拓展配合协作新领域，可针对郑州局集团公司辖区内铁路文物、工业遗迹、工业遗址较多的情况，探索开展文物保护领域的公益诉讼检察工作，做好铁路文物保护。

四、加强组织领导，提高工作水平

（一）强化责任担当

郑州铁检分院、郑州局集团公司所属各单位要结合本地实际，认真研究制定实施方案，明确工作目标，明晰责任分工，有计划、有步骤推进。对影响广、阻力大、困难多的重大隐患，郑州铁检分院、郑州局集团公司所属各单位领导要积极协调解决。郑州铁检机关公益诉讼检察、刑事检察等部门要密切协作配合，确保内部衔接顺畅。要积极探索创新，支持铁路检察机关办理铁路外部环境安全公益诉讼案件。铁路检察机关办案涉及其他检察机关的，要积极争取其他检察机关的支持。

（二）坚持因案施策

铁路外部环境安全隐患成因复杂，有的是铁路沿线部分土地权属不清、利益主体多元，且与维稳工作紧密相连，解决难度大；有的是相关法律规定不明确，铁路外部环境安全隐患涉及多部门，责任划分不清；有的是行政机关对铁路外部环境安全隐患治理责任感不强、积极性不高；有的是对相关责任人处罚力度不够，导致一犯再犯、屡禁不止。要坚持问题导向，找准问题症结，因地制宜，因案施策，有针对性地推动隐患问题解决。对于铁路线路两侧铁路用地被侵占伴生铁路外部环境安全隐患的，郑州铁检机关应督促土地行政管理部门依法处理；郑州局集团公司可以通过法律途径解决问题的，检察机关应主动提供法律服务，并就相关诉讼活动依法开展法律监督。

（三）加强协同配合

郑州铁检分院、郑州局集团公司所属各单位要积极落实“双段长＋检察长”协作机制，加强联系协调和信息沟通，与属地政府及相关职能部门协作配合，推动落实各级铁路沿线安全环境联席会议工作部署。要加强与路地“双段长”工作制的衔接协作，持续跟进监督，推动职能部门落实责任，协调解决好影响铁路外部环境安全的普遍性、长期性、政策性问题，加快形成多方发力、齐抓共管、通力协作的铁路外部安全环境综合治理格局。

（四）注重舆论宣传

要结合办案积极宣传铁路安全法律法规、工作动态和典型案例，不断增强相关单位和广大群众的安全意识和法律意识，积极营造珍惜生命、爱路护路的良好社会氛围。要围绕全国人大常委会修订《铁路法》的立法工作计划，积极为推动将检察公益诉讼条款写入铁路法提供实践依据。

郑州、洛阳铁检院要将辖区内本项工作的重要情况、重要线索、经验做法、典型案例、工作成效、机制建设等，及时以信息或者专题报告等形式，报送郑州铁检分院第四检察部。郑州局集团公司所属各单位的相关工作情况要向郑州局集团公司安监室、企法部报告。

河南省人民检察院　中国铁路郑州局
郑州铁路运输分院　集团有限公司
2024 年 4 月 10 日

上海铁路监督管理局　国家能源局华东监管局 上海市人民检察院第三分院（铁检分院） 中国铁路上海局集团有限公司 关于联合开展油气管道与铁路交叉并行安全隐患治本攻坚专项整治工作的通知

上海市交通委员会，安徽、江苏、浙江省交通运输厅，浙江金温铁道开发有限公司，上海大屯能源股份有限公司徐沛铁路管理处，京沪高速铁路股份有限公司，皖赣铁路安徽有限责任公司，沪杭铁路客运专线股份有限公司，中铁第四勘察设计院集团有限公司，中铁上海设计院集团有限公司：

近年来，辖区地方人民政府有关部门、油气和铁路企业大力开展油气隐患排查整治，辖区内与铁路交叉并行油气管道安全总体稳定。但是，排查发现存在油气管道非法穿越铁路、违规下穿铁路站场、企业标准不符合行业标准、违规设计审批等问题。

深入贯彻习近平总书记关于安全生产重要论述和对铁路工作的重要指示精神，深刻吸取“11・19”津秦高铁桥下并行热气管道起火中断行车较大事故和宁夏银川富洋烧烤店“6・21”特别重大燃气爆炸等事故教训，结合安全生产治本攻坚三年行动，上海铁路监督管理局、国家能源局华东监管局、上海市人民检察院第三分院（铁检分院）、中国铁路上海局集团有限公司决定联合开展油气管道与铁路交叉并行安全隐患治本攻坚专项整治行动。

一、指导思想

坚持以习近平新时代中国特色社会主义思想为指导，深入贯彻习近平法治思想，全面贯彻落实党的二十大精神，坚持人民至上、生命至上，牢牢坚持安全第一、预防为主、综合治理方针，深入推进油气管道与铁路交叉并行安全隐患排查整治，合力护航车轮上的消防安全。

二、目标任务

落实2024年全国铁路监督管理工作会议精神，深入贯彻实施《中华人民共和国安全生产法》《铁路安全管理条例》和地方铁路安全管理条例，充分发挥监检企联席会议、铁能跨部门联合监管机制作用，推动落实铁路和油气企业主体责任、地方政府属地治理责任，严格落实“三管三必须”要求摸清油气管道与铁路交叉并行现状，全面整治安全隐患，特别是下穿铁路站场、并行距离不足等隐忧，切实保障铁路运输安全，坚决遏制重特大事故发生。

三、进度安排

专项行动自2024年5月至2026年年底开展，分部署动员、排查整改、重点攻关、总结反馈四个阶段。

（一）部署动员（2024年5月10日前）

1. 召开联合监管会议。上海铁路监督管理局组织召开铁路沿线安全环境治本攻坚联合监管工作会议，对专项活动进行动员部署。

2. 建立联络办公室。在设立联络办公室，由上海铁路监督管理局监管一处、国家能源局华东监管局行业监管处、上海市人民检察院第三分院（铁检分院）第五检察部、中国铁路上海局集团有限公司工务部组织，指定专人担任联络员。

3. 开展教育培训。各单位组织专项工作人员进行专题培训深入学习《中华人民共和国安全生产法》《铁路安全管理条例》和地方安全管理条例等法律法规，熟练掌握《铁路工程设计防火规范》《城镇燃气设计规范》《油气输送管道与铁路交汇工程技术及管理规定》等标准规范，为专项活动开展打下良好基础。

（二）排查整改（2024年12月31日前）

1. 彻底排查摸清。铁路企业要主动联合油气管道产权单位、属地政府有关部门认真开展全面排查，摸清油气管道与铁路交叉并行位置、建设概况、管道压力和安全状况，签订安全互控协议，健全完善油气管道与铁路交叉并行台账并动态更新，做到一事一档，不得遗漏。

2. 加强隐患整治。对排查出的安全隐患，铁路企业要及时与热气管道产权单位对接，联合进行整治。上海铁路监督管理局对违反相关法律法规的依法通报、约谈、进行行政处罚。对问题严重、影响恶劣，相关行政机关不依法履行属地治理职责的，由检察机关依法发出检察建议、提起公益诉讼；铁路企业提起民事诉讼的，检察机关依法履行支持起诉检察职能。监检企三方均实行专人负责、台账管理、分流交办、重点督办。

（三）强化重点攻关（2026年8月31日前）

突出高铁和旅客列车、编组站场等安全，对违反国家标准、行业标准禁止性规定，非法穿越铁路线路、违规穿越铁路站场、并行铁路距离不足的，实行一处一档，推动责任主体和地方政府有关部门制定整改方案，确保铁路运输安全。对未与铁路设备管理单位签订安全协议、安全协议未有效执行或未能提供穿越管道质量证明文件及竣工资料的油气管道和2000年前建设、带病运行的老旧管道等进行全方位安全评估。对符合《铁路交通重大事故隐患判定标准（试行）》的要及时纳入重大事故隐患库进行整治，并按规定报告地方人民政府和上海铁路监督管理局。

（四）总结提升（2026 年 12 月）

1. 健全完善制度。铁路企业优化完善内部涉油气管道管控机制，协同油气产权单位建立健全巡查、问题通报、安全互控机制。

2. 召开总结会议。由上海铁路监督管理局组织召开总结会议，各单位专项行动开展情况进行认真总结，分析研究存在的问题和不足，提出今后工作建议；提炼工作取得的成效和经验，形成可复制、可推广的经验和典型案例。

四、工作要求

1. 加强组织领导。各单位要坚持守土有责、守土担责、守土尽责，根据通知部署要求，明确由主要领导或分管领导牵头专项活动，统筹谋划、精心组织、配备工作力量，建立统一、高效、规范的工作机制，确保各项任务落实落地。联络员负责日常工作，联络员因工作变动调整的，及时互相通报。

2. 强化协作配合。各单位要发挥职能优势，加强交流协作，坚持合作共赢理念，形成工作合力，积极稳妥推进，促进问题解决。铁路沿线安全环境治理牵头部门要协调城建、市场监管等油气行业部门，指导油气企业开展专项整治工作。同时加强与地方行政机关、地方检察机关等单位的沟通协作，主动争取理解和支持，积极构建维护铁路运输安全大格局。各联络员每月 20 日相互通报专项行动进展情况。

3. 落实职责责任。铁路企业要健全完善油气管道隐患排查整治工作机制，落实日常巡查制度，制定油气泄漏等突发事件应急处置预案，加强应急值守；对涉及油气管道迁改的，要简化审批手续，减免配合费用，加强施工过程中的安全监管和协调配合。铁路监管部门和铁路检察院分别立足各自职责做好维护铁路安全相关工作，监督督促油气管道隐患依法治理、综合治理，为铁路安全持续稳定提供坚实法治保障。

甘肃省人民检察院　兰州铁路监督管理局
中国铁路兰州局集团有限公司
关于印发《关于推进铁路外部环境安全法治保障工作的协作意见》的通知

各市、州人民检察院，兰州铁路运输检察分院，兰州铁路监督管理局各处室，中国铁路兰州局集团有限公司所属各单位：

为进一步贯彻落实习近平总书记对铁路工作重要指示批示精神和党中央、国务院以及省委、省政府关于铁路安全工作的决策部署，持续推动我省检察机关、铁路运输企业及铁路监管部门在铁路外部环境安全领域工作中的协作配合，充分发挥检察公益诉讼、行政执法监督法治保障合力，切实维护铁路安全稳定和人民群众生命财产安全，甘肃省人民检察院会同兰州铁路监督管理局、中国铁路兰州局集团有限公司共同研究制定了《关于推进铁路外部环境安全法治保障工作的协作意见》。现印发你们，请认真抓好贯彻落实。

甘肃省人民检察院　兰州铁路监督管理局

中国铁路兰州局集团有限公司

2024 年 5 月 17 日

关于推进铁路外部环境安全法治保障工作的协作意见

为深化铁路安全生产源头治理，持续推动我省检察机关、铁路监管部门及铁路监管部门、铁路运输企业在铁路外部环境安全领域工作中的协作配合，充分发挥检察公益诉讼、行政执法监督法治保障合力，切实维护铁路安全稳定和人民群众生命财产安全，结合我省实际，制定如下意见。

一、总体要求

坚持以习近平法治思想为指引，认真贯彻习近平总书记关于安全生产和铁路安全的重要论述以及党中央、国务院以及省委、省政府关于铁路安全生产工作的决策部署，进一步树牢安全发展理念，健全制度机制，充分发挥检察机关司法保护和铁路行业监管等行政机关综合监管职能作用，各司其职，优势互补，建立常态化协作配合机制，形成保护合力，全面提升铁路安全保障能力，以法治思维和法治方式推进铁路外部环境安全治理体系和治理能力现代化建设，为平安甘肃建设提供有力法治保障。

二、工作目标

检察机关、铁路监管部门、铁路运输企业要牢固树立服务铁路高质量发展、高水平安全理念，检察机关在履行公益诉讼法律监督职责中，突出预防性司法理念，对危害铁路环境安全的损害公益行为，运用磋商、检察建议、提起诉讼、支持起诉、督促起诉等多种方式，消除和防范铁路事故风险。铁路监管部门充分发挥铁路行业监管作用，加大铁路环境安全领域行政协调整治力度，推动铁路提升安全生产领域治理能力。铁路运输企业深化安全依法治理，完善外部环境隐患排查整治责任体系，增强消减外部环境安全风险主动性，推动由防止事故向超前防控风险转变，不断提升本质安全水平。

三、建立健全工作机制

（一）隐患排查

中国铁路兰州局集团有限公司负有外部环境安全隐患排查、监管职责的各单位、各部门，要周期排查、动态掌握铁路沿线因外部环境因素导致的安全隐患，对排查发现典型隐患要逐处摸清成因、建立台账、动态更新。外部环境因素导致的重大安全隐患主要包括违法施工类、违建违占类、违法取水类、河道桥梁类、倒落类、树植类、飘浮物类、采矿爆破类、危险物品类、油气管线及热力管道类、交叉并行类等危及铁路运输安全隐患。

（二）线索移送

健全检企分层、分级常态化移送外部环境安全领域案件线索机制。铁路运输企业对涉及铁路外部环境安全隐患导致国家利益或者社会公共利益受到损害的，按照“铁路运输站段自主向兰州、武威铁路运输检察院移送一般性隐患线索，中国铁路兰州局集团有限公司安监部门向省检察院、兰州铁路运输分院移送突出隐患线索”的原则，及时向检察机关移送公益诉讼案件线索。各市、州检察院按照省检察院总体部署或兰州铁路运输分院的工作需要，配合做好涉及跨区域、跨行业，涉及地方政府部门履职等线索立案调查。

(三) 信息互通

建立检企定期信息互通、即时信息共享机制。每月底，由铁路运输站段向兰州、武威铁路运输检察院移送整治推进缓慢的一般性隐患线索；中国铁路兰州局集团有限公司随时向省检察院、兰州铁路运输分院、兰州铁路监督管理局报告重点难点隐患线索。经检察机关立案的铁路外部环境安全领域公益诉讼案件，受理机关及时向铁路运输站段等通报推进情况和相关工作信息。铁路运输站段、检察机关、铁路监管部门、中国铁路兰州局集团有限公司确定专门联络机构和具体联络人，负责联络沟通、信息通报等日常工作。对铁路外部环境突发性重大问题、铁路路外环境安全舆情，及时相互通报，共同研究制定处置办法，回应社会关切。

(四) 联合调研

建立铁路沿线外部环境安全问题联合调查、调研、处置工作机制。检察机关、铁路监管部门、铁路运输企业以及地方党委护路组织和地方政府相关监管部门，根据铁路外部环境隐患情况开展联合执法、联合调研。对铁路外部环境安全因素导致的安全隐患共同调查，找准症结，综合施策，统筹兼顾，消除和防范铁路安全风险。对重大复杂、隐患风险大、社会关注度高的突出问题线索，由省检察院采取自办、领办、交办、督办等多种形式，统筹全省检察机关力量办理，形成跨区划检察监督工作合力，督促落实责任，强化问题整改。

(五) 专业支持

检察机关、铁路监管部门、铁路运输企业根据职能特点和专业优势，相互提供业务咨询和技术支持。铁路各单位、各部门就检察机关办案过程中涉及建设标准、地质环境、土地权属等铁路领域专业问题，应当结合自身技术力量和条件提供提供专业意见，在检察机关调查取证、鉴定评估、参加庭审等方面给予必要协助。检察机关根据铁路监管部门、铁路运输企业要求，提供相关法律咨询。

（六）协同宣传

在协作配合工作中，发挥各自职能优势，充分利用宣传资源，广泛深入对铁路安全法律法规、案例事例、举措成效进行宣传，不断提升社会认识度，群众参与度，形成全社会关注铁路、爱护铁路的良好氛围。检察机关收集铁路路外环境安全领域典型案例，在征得铁路监管部门和铁路运输企业意见建议后向社会发布。检察机关、铁路监管部门和铁路运输企业可以召开新闻发布会，联合发布典型案例。

（七）实践交流

铁路检察机关、铁路监管部门和铁路运输企业在举办相关业务培训时，可以邀请对方单位领导同志、业务骨干介绍情况、交流经验、庭审观摩，共同提高铁路路外安全环境领域的执法水平和监督能力。检察机关可以聘请铁路监管部门和铁路运输企业的业务骨干担任特邀检察官助理和“益心为公”志愿者，参与案件办理工作。中国铁路兰州局集团有限公司可以邀请铁路检察机关参加各级铁路沿线路地“双段长”安全环境联席会议，早整治、早预防，以法治力量推动破解深层次突出问题。

四川省人民检察院
中国铁路成都局集团有限公司
关于检察公益诉讼助力维护铁路外部环境安全加强检企协作的实施意见

各市（州）人民检察院、成铁分院，中国铁路成都局集团有限公司在川单位：

为落实《最高人民检察院 中国国家铁路集团有限公司办公厅关于加大铁路外部环境安全检察公益诉讼办案力度强化铁路安全法治保障的通知》要求，维护铁路运行安全和人民群众出行安全，充分发挥检察公益诉讼法治保障作用，经四川省人民检察院（以下简称“省检察院”）与中国铁路成都局集团有限公司（以下简称“成都局集团公司”）共同研究，制定本实施意见，请认真贯彻执行。

一、总体要求

深入贯彻落实习近平总书记对铁路工作的重要指示批示精神和党中央、国务院关于加强铁路安全的决策部署，充分认识维护铁路安全的重要意义，切实保障人民群众生命财产安全。全省各级检察机关与成都局集团公司在川单位协同配合，消除铁路外部环境安全隐患，有效防范化解潜在风险。通过发挥检察公益诉讼职能，助力提升铁路外部环境安全管理水平，建立健全协同治理的长效监管机制，为我省铁路安全稳定运行提供检察智慧和法治保障。

二、整治重点

针对下列影响铁路外部环境安全的重点问题，全省各级检察机关、成都局集团公司在川单位要组织开展隐患排查、动态研判，准确把握工作形势，聚焦以下难点、痛点问题，强化监督检查，推动形成重大事故隐患动态清零的常态化机制，为铁路安全运行提供有力保障。

（一）公跨铁立交桥、公铁并行、铁跨公桥梁、铁路沿线油气管线等高危安全隐患

围绕公跨铁防撞护栏等级不足，桥梁失管失修老化劣化，公铁并行防撞护栏缺失或强度不足，铁跨公桥梁机动车撞击限高架和铁路桥梁，油气管线违法下穿铁路线路、并行间距不足、下穿埋深不足、安全防护设施不符合规范易引发火灾等问题，强化与属地政府及相关职能部门的协作配合，一体推进风险隐患化解。加强对船舶撞击铁路桥梁、公铁水交汇地段安全管控不到位、防护设备设施不达标、标志标线不齐全、铁路电力线路与地方电力线路交叉跨越等高危安全隐患的排查整治，督促相关部门及单位与铁路运输企业签订安全管护协议，落实安全管护责任。

（二）飘浮物、危树、杆塔等异物侵限，危及列车行车安全问题

针对铁路两侧 500 米范围内彩钢瓦、广告牌、农业大棚等构筑物因安装加固强度不足、遇大风等恶劣天气刮落至铁路线路，以及风筝、气球、防尘（晒）网、塑料薄膜（袋）、广告布等轻飘物飘至铁路线路导致接触网挂异物，可能引起铁路供电故障进而造成列车延误、危及列车运行安全等隐患，常态化加强与属地政府及相关职能部门的协调联动，及时发现和消除隐患。对铁路沿线树木绿植影响行车瞭望、生长侵限或倒伏影响接触网安全，名贵珍稀树木维护困难；擅自设置、

未取缔或未有效管控非法通道（道口），擅自或强行进入铁路车站货场影响生产作业；放养牲畜上道，铁路沿线燃放烟花爆竹、烧荒、排污、倾倒垃圾或其他危害铁路安全物质；铁路沿线杆、塔、塔吊、上跨建（构）筑物及附属设备设施（含线缆、槽道、路灯杆等）违法设置或者处于不安全状态等危及行车安全问题加强监督检查，督促相关部门及时查处。

（三）铁路沿线生产、加工、储存危化品等高危作业安全监管问题

针对铁路沿线建造、设立生产、加工、储存、销售易燃易爆等危险物品的场所，强化安全监管，确保满足国家标准、行业标准规定的安全防护距离。加强对铁路沿线采矿、采石、爆破作业的监督检查，确保符合国家标准、行业标准和铁路安全防护要求。对相关作业依法应当与铁路运输企业协商一致、报有关部门批准并采取安全防护措施的，监督严格按规定执行，对不符合规定的督促相关部门查处。

（四）铁路沿线违法施工、违法侵占、违法经营问题

聚焦未依法商铁路运输企业同意、签订安全协议而擅自在铁路沿线违法施工；建造建（构）筑物、取土、弃土、弃渣、挖砂、挖沟、取水、排水、堆放物品，影响铁路线路基础稳定，发生大型施工机械侵限；在铁路线路安全保护区内违法占地、施工、经营、乱耕乱种、停放车辆、堆放杂物，以及易引发火灾的安全隐患问题，重点开展监督检查。对跨越河道的铁路桥梁，加强跨越处河道上下游一定范围内围垦造田、拦河筑坝、架设浮桥、采砂、淘金、疏浚作业等的检查。对行为人拒不纠正、持续危害铁路安全的，督促相关部门及时查处。

（五）干扰铁路无线电、信息管理系统、通信信号设施等安全稳定运行问题

针对非法设置无线电台（站）或信号屏蔽器、滥用无线电频率，干扰铁路运营指挥调度和无线通信系统频率正常使用；采用非法技术手段侵入、干扰、破坏铁路管理信息系统；在埋有地下光（电）缆设施的地面上方钻探；在铁路电力线路杆塔周围打桩等危害铁路通信信号设施、电气化铁路设施的行为，督促相关部门及时查处。

（六）其他需要重点监督的铁路外部环境安全隐患

三、工作措施

（一）建立联络机构

省检察院与成都局集团公司建立铁路外部环境安全检察公益诉讼联络机构，由省检察院第八检察部、成都局集团公司保卫部负责对接联系。四川省人民检察院成都铁路运输分院第四检察部在省检察院第八检察部指导下承担具体工作。省检察院、成都局集团公司根据工作需要，适时召开联席会议，重点研究铁路外部环境安全检察公益诉讼有关问题。

（二）加强隐患排查

成都局集团公司在川单位要严格落实铁路外部环境安全隐患排查工作，强化“双段长”工作机制，全面开展对隐患问题的滚动摸排，对照法律法规，按照铁路外部环境安全隐患的严重程度和所涉及的不同法律关系，逐一研究对策。对需要检察机关督促行政机关履职、消除安全隐患的事项，要及时移交线索。

（三）强化协同配合

全省各级检察机关、成都局集团公司在川单位要加强工作联系和信息沟通，与属地政府及相关职能部门的协调配合，推动落实各级铁路沿线安全环境联席会议工作部署。铁路运输企业通过法律途径解决问题的，各级检察机关要主动提供法律服务，并就相关诉讼活动依法开展法律监督。各级检察机关公益诉讼检察、刑事检察等部门要密切协作配合，确保内部衔接顺畅。

（四）注重宣传引导

要积极宣传铁路外部环境安全排查整治和公益诉讼监督工作，不断增强相关单位和广大群众的安全意识和法律意识。主动邀请人大代表、政协委员、人民监督员、益心为公志愿者等参与座谈磋商、整改评估、庭审观摩等活动，提高公众知晓度、认可度和参与度，积极营造铁路安全人人有责、爱路护路的良好社会氛围。

（五）重视信息报送

各市级检察院要将辖区内本项工作的重要情况、重要线索、经验做法、典型案例、工作成效、机制建设等，及时以信息或者专题报告等形式，报送省检察院。成都局集团公司在川单位的相关工作情况要向成都局集团公司保卫部、企法部报告。

四川省人民检察院　中国铁路成都局集团有限公司

2024 年 5 月 20 日

云南省铁路沿线安全环境管理“双段长 + 双检察长”协作机制

（云南省铁路沿线安全环境治理部门联席会议办公室 2024 年 6 月 19 日印发，云交铁〔2024〕6 号）

为深入贯彻落实国家和云南省铁路安全环境治理有关政策规定和工作要求，充分发挥铁路沿线安全环境管理“双段长”、铁路沿线地方和铁路检察长服务保障铁路及沿线安全积极作用，推动地方政府、路地检察机关、铁路运输企业形成铁路安全环境治理与公益保护合力，在 2023 年探索实践“双段长 + 双检察长”工作机制经验的基础上，结合云南省实际，云南省铁路沿线安全环境治理部门联席会议办公室于 2024 年 6 月 19 日印发文件建立了云南省铁路沿线安全环境管理“双段长 + 双检察长”协作机制。

一、总体要求

以习近平新时代中国特色社会主义思想为指导，全面贯彻落实党的二十大精神，深入贯彻习近平总书记关于安全生产重要论述，树牢安全发展理念，进一步强化底线思维和红线意识，坚持问题导向、目标导向和结果导向，深化源头治理、系统治理、依法治理和综合治理，全面建立铁路沿线安全环境管理“双段长”和路地双检察长协作机制（即铁路沿线安全环境管理“双段长 + 双检察长”协作机制，简称“双长”协作机制），充分发挥“双段长”铁路安全环境治理牵头协调和“双检察长”公益诉讼检察职能，推动地方政府、路地检察机关、铁路运输企业同向发力，强化行政执法与检察监督有效衔接，合力推进全省铁路安全环境治理和平安铁路建设，保障铁路运输安全和人民群众生命财产安全。

二、基本原则

（一）共建共治原则

依托“双长”协作机制，发挥检察公益诉讼等检察监督在铁路沿线违法犯罪打击、生产运输保障、公共安全维护、行政争议化解等工作中的优势，强化地方政府、路地检察机关、铁路运输企业信息互通、资源整合、协同联动，构建铁路安全环境治理共建共治工作格局。

（二）互补互促原则

地方政府有关部门压实铁路安全环境治理和行业管理责任，牵头推进治理工作；检察机关坚持以办案为中心，重点在刑事打击、公益诉讼、法治宣教等方面充分履职；铁路运输企业落实铁路安全主体责任，发挥主观能动作用，全程参与治理工作。路、检、地各方优势互补、合作互促，推动铁路安全环境治理体系和治理能力不断深化。

（三）问题导向原则

立足铁路安全环境实际情况和存在的问题，准确把握不同种类隐患问题特点，在依法合规和保障群众及相关主体合法权益的基础上，采取科学灵活治理方式，及时化解消除各类安全环境隐患。

（四）源头治理原则

按照“既治当下，又治长久”的思路，找准隐患发生的源头，制定针对性措施，避免隐患“复发”，反复整治。

（五）严守纪律原则

各有关单位要严格遵守各自单位的保密制度与办案规定，严防失泄密事件发生，不得违反规定干预相关部门的案件查办工作。要坚持廉洁自律，不得谋取不正当利益，坚决杜绝发生违法违纪问题。

三、组织形式

“双长”协作机制是路检地各方沟通协调的桥梁，既有铁路安全环境管理“双段长”制组织形式不作改变。按照“省级统筹对接部署，州（市）、县（市、区）两级协作推进”的方式，省级由省铁路沿线安全环境治理部门联席会议办公室商各成员单位统筹部署，州（市）“双段长”与州（市）检察院和云南省人民检察院昆明铁路运输分院（以下简称昆明铁检分院）“双检察长”建立一级“双长”协作机制，县（市、区）“双段长”与县（市、区）检察院和基层铁路检察院“双检察长”建立二级“双长”协作机制，“双段长”各成员单位和路地检察院为“双长”协作机制成员单位，并成立“双长”办公室承担日常工作、加强工作衔接。

（一）一级“双长”

昆明铁检分院和铁路沿线州（市）人民检察院分别明确 1 名检察长作为一级“双检察长”，与一级“双段长”共同组成一级“双长”。昆明铁检分院和铁路沿线州（市）人民检察院分别明确 1 名负责同志担任一级“双检察长”路方办公室主任和一级“双检察长”地方办公室主任，与一级“双段长”路方办公室主任和一级“双段长”地方办公室主任共同兼任一级“双长”办公室主任。

（二）二级“双长”

在一级“双长”机制下，昆明、开远铁路运输检察院和全省铁路沿线县（市、区）人民检察院分别明确1名检察长作为二级“双检察长”，与对应的二级“双段长”共同组成二级“双长”。昆明、开远铁路运输检察院和全省铁路沿线县（市、区）人民检察院分别明确1名负责同志担任二级“双检察长”路方办公室主任和二级“双检察长”地方办公室主任，与对应的二级“双段长”路方办公室主任和二级“双段长”地方办公室主任共同兼任二级“双长”办公室主任。

四、工作机制

（一）会商研判

一级、二级“双段长”与“双检察长”加强联席会商，原则上每年举行一次成员单位联席会议（可结合“双段长”成员单位联席会议一并召开），会议由各级“双长”办公室主任召集，经各方同意可以临时召开，亦可多级或多地联合召开。会商研判工作包括但不限于以下内容：一是相互通报在铁路安全环境治理及公益保护等方面的重要工作部署、出台的重大政策、发生的重大案事件和舆情等情况。二是听取铁路安全环境专项整治及公益保护工作开展、重大线索办理情况，研究解决工作中存在的问题。三是部署安排下一步铁路安全环境治理及公益保护重点工作。对于达成一致意见的事项，可以形成会商纪要，并指定相关具体业务职能部门负责会商议定事项的协调、督办及落实。

（二）日常联络

建立健全铁路运输企业、路地检察、地方政府部门工作信息共享机制，“双长”协作机制办公室负责做好各成员单位、有关部门之间的沟通和联系，“双长”协作机制办公室主任可明确1名工作人员作为联络员进一步强化沟通衔接，强化日常交流、线索移送与信息通报，重大事项要及时向各自段长、检察长汇报。

（三）线索移送

“双长”协作机制各成员单位在行政执法过程中，发现涉铁刑事犯罪案件线索的，应当在移送公安机关立案的同时将相关情况通过“双长”协作机制通报检察机关；发现损害铁路有关公益案件线索的，应当将有关案件线索材料移送检察机关。线索移送要建立工作台账，及时跟进办理销号。

（四）协作配合

“双长”协作机制办公室在履行铁路安全环境重大隐患整治统筹协调和监督管理职责中，可以通过商请检察机关依法监督，或支持有关单位依法履职。检察机关办理涉铁路生态环境和资源保护、安全生产等领域公益诉讼案件过程中，需要调查核实有关证据，或委托出具勘察检查、鉴定评估、出具专家意见的，“双长”协作机制成员单位应依法予以协助配合。

（五）联合巡查

结合工作实际，“双段长”“双检察长”应适时组织联合巡查，共同了解铁路运营环境和公益保护情况，共同排查铁路公益损害和安全环境隐患，共同研究隐患整治措施，共同推进铁路公益损害和安全环境隐患整治，形成检察机关与行政执法机关司法、执法工作合力。

（六）交流共享

围绕铁路沿线安全环境治理和公益保护工作中的重点、热点、难点问题，“双长”协作机制各成员单位要强化业务交流和经验共享。鼓励组织“同堂培训”或业务交流，互邀参加本系统举办的相关业务培训，互派人员为对方举办的有关培训讲解授课，共同组织理论研讨、普法宣传等活动，提升业务能力和水平，探索互派业务骨干交流锻炼。共同推进特邀检察官助理开展综合治理工作，为铁路安全环境治理提供有力技术支撑和“外脑”助力。

五、主要任务

（一）细化落实协作机制

路地检共同细化建立铁路沿线州（市）、县（市、区）两级铁路沿线安全环境管理“双长”协作机制，加强业务交流和培训，提升铁路安全环境隐患识别、整治和检察监督的融合度，发挥路地检各自职能优势并形成工作合力，共同研究推进辖区内铁路沿线安全环境综合治理和公益保护工作，共同协调解决重难点隐患问题，积极支持铁路运输及沿线安全管控工作。

（二）强化风险隐患预防

一是强化隐患排查和动态治理。利用“双长”协作机制，加大巡查力度和频次，及时发现铁路安全环境隐患及公益损害问题，找准隐患发生的源头，制定针对性措施，及时开展动态治理，从源头消除安全环境隐患。二是加强安全警示教育和法治宣传。认真分析铁路交通典型事故案例及经验教训，制作铁路安全法规政策、警示教育宣传资料，积极开展以案示警和法治宣传教育，切实提高铁路沿线群众守法意识、安全防范意识和铁路公益保护意识，营造全民爱路、依法护路的良好社会氛围，从主观上预防隐患问题发生。

（三）推进突出问题整治

一是结合省铁路沿线安全环境治理部门联席会议办公室印发的

隐患整治清单和检察机关排查掌握情况，根据隐患类型和特点，选取重点难点隐患问题作为公益诉讼案件或检察监督事项积极推进隐患整治。二是在铁路安全环境治理工作中，“双段长”办公室综合研判，将适宜由检察机关通过公益诉讼等方式推进整治的隐患问题向检察机关推送，并加强工作对接，合力推进隐患整治。三是“双段长”办公室各成员单位积极支持检察机关依法办理铁路沿线环境污染和资源破坏、违规售卖假冒伪劣食品药品、国有财产流失、国有土地出让不当等导致公益受损的公益诉讼案件，联动协作推进源头预防和综合治理。

六、工作要求

（一）加强组织领导

铁路沿线州（市）、县（市、区）人民政府和铁路运输企业、检察机关要提高政治站位，充分认识“双长”协作机制在铁路沿线安全环境治理工作中的积极作用，以及对保障铁路运营安全和人民财产安全的重要意义，由交通运输部门牵头建立“双长”协作机制。

（二）强化责任落实

两级“双长”协调机制各成员单位要按照本意见明确的工作措施和工作要求压实工作责任，完成“规定动作”，充分发挥公益诉讼检察监督积极作用，可以通过现场勘验、无人机航拍、卫星遥感等检察办案技术手段及时进行初查、固定相关证据，综合运用公益诉讼磋商、检察建议、提起诉讼等工作方式推进治理。构成犯罪的，检察机关应当根据刑事案件管辖规定，提前介入指导侦查，依法打击。

（三）加强信息报送

“双长”协作机制办公室要强化工作信息收集整理，及时总结工作推进情况并逐级上报，适时总结经验、形成典型案例并加大推广力度，提升综合治理水平。同时，要结合政策法规宣传强化宣传报道，充分展现“双长”协作机制的积极成效和良好形象，扩大协作机制的社会影响力，助力协作机制不断深化运行。

经验交流

JINGYAN JIAOLIU

贯彻总体国家安全观
发挥检察公益诉讼制度效能
以法治之力护航“轨道上的京津冀”

北京市人民检察院铁路运输分院
（北京市人民检察院第四分院）

按照最高检和国铁集团《关于加大铁路外部环境安全检察公益诉讼办案力度强化铁路安全法治保障的通知》要求，北京市人民检察院铁路运输分院（第四分院）充分发挥铁路检察体制优势及公益诉讼职能优势，在最高检和市院党组的正确领导下，精准规范开展铁路外部环境安全公益诉讼检察工作，服务保障更高水平平安铁路建设。主要做法有：

一、提高政治站位，强化责任担当

2017年以来，院党组深入贯彻习近平总书记对铁路工作重要指示批示精神和总体国家安全观，始终把加强和改善铁路外部环境安全作为一项重要政治任务抓实抓细，先后开展了“推动解决铁路线下安全隐患”“保障铁路旅客舌尖上的安全”等七个涉铁专项活动。2024年初，四分院牵头两级四院开展“公益诉讼护航轨道上的京津冀”专项，将其作为落实相关文件要求的重要抓手持续推进。7月新一届院党组班子成立后，先后走访北京铁路局、市重点站区管委会、市委平安铁路专项办，到西站、南站、丰台站实地调研，会同属地政府领导到整改现场办公，以上率下，进一步明确任务分工、压实各方责任，抓实抓细专项工作。

二、坚持质效优先，突出精准监督

四分院严把高质效标准，突出精准监督，通过高质效办好每一个案件，增强人民群众的获得感、幸福感和安全感。一是动态管理、繁简分流。针对京津冀铁路密集，铁路沿线安全隐患问题杂、整治难的特点，我院及时对接路局、平安铁路专项办和市交通委，全面掌握问题底数。对三个单位提供的共计 566 处隐患点位信息汇总整合，建立线索台账，整治一处、合格一处、销号一处，实时动态更新。按照隐患区域和隐患类型进行分类管理，通过现场踏勘和前期初查，采取繁简分流，简案快办、繁案精办、难案会商，全年，在市院业务指导下，两级四院共摸排隐患点位 241 处，现场踏勘 86 次，消除彩钢房硬漂浮物、清理塑料大棚轻漂浮物、伐移危险树植等隐患 154 处。

二是重点推进、质效为先。对重要时间节点、重点路段、挂账重点区域和群众投诉集中的突出隐患问题，重点推进、力求实效。2024 年，两级四院受理涉铁公益诉讼线索 61 件，立案 50 件，制发检察建议 19 件，督促拆除违法建设 17 处 1.4 万平方米，清运违法倾倒垃圾 2000 余吨，清理违停车辆 3000 余辆，修剪、伐移危树 2000 余棵。

三是深挖典型、以点带面。充分挖掘和发挥典型案例的示范引领价值，以“四分院督促整治京沪沿线高大林木危害铁路运行安全行政公益诉讼案”为例，该案的办理体现出以下特点：第一，高度的政治敏锐性。本案从某区一起林木搭接引发的高铁限速运行事件出发，经调查发现该区铁路沿线林木基数大、权属杂、生长快，恶劣天气下容易引发安全事故，我院评估后发现其中存在重大的公益侵害风险，果断立案。第二，办案成果的可推广性。在向区政府制发检察建议后，区政府责成区城管委牵头区园林绿化和街道办落实整改，针对整改期间出现伐移树木逐年更替、路地危树台账及处理标准不一致等堵点难点，我院提出“摸清底数、明确标准、形成机制、优先消隐”意见，引导铁路部门与属地政府弥合分歧，按照“安全优先、兼顾美观”的原则达成《铁路沿线树木修剪标准》，为类案办理提供了可复制、可推广的治理规则，该修剪标准可在其他城市区域危树整治工作中进行推广。第三，“以案促治”的示范性。为彻底消除隐患，区政府专门拨款对铁路沿线绿化提升改造，构建“一路繁花，四季变换、城铁融合、生态安全”景观视廊。昔日的危树区域变成了为附近居民提供纳凉休闲的景观廊道，部分点段设有法治公园，让公益诉讼办案在社会治理中留下鲜明的法治痕迹，实现了政治效果、法律效果和社会效果的统一。

三、完善协作机制，多方协同共治

作为联席会成员单位和平安铁路专项办成员单位，四分院始终与交通委、平安办加强情况互通和信息共享，做到资源整合、智慧融合、力量聚合、工作结合，构建铁路外部环境安全综治格局。一是完善协作机制，与北京铁路局签订了包括公益诉讼在内七项协作机制的《检企共建备忘录》。起草制定《北京市域铁路沿线环境安全治理公益诉讼线索移交管理办法（试行）》。二是延伸跨区划检察协作，先后与河北、天津、山西等地铁路沿线检察机关会签跨区划公益诉讼检察协作，不断延伸路地检察机关跨区域协作范围。三是打好法治宣传牌，充分利用“5·26”护路宣传月、“6·16”全国安全生产月、“12·4宪法日”集中到四大火车站进行爱路护路和公益诉讼普法宣传，利用“两微一端”宣传铁路安全法律法规。公益诉讼检察实践十周年来临之际欣逢四分院建院十周年，我们系统总结十年来公益诉讼检察实践成果，召开新闻发布会，向社会发布《公益诉讼检察白皮书》，典型案例的示范引领作用得以充分发挥。

在工作推进过程中，我们也发现存在一些困难，例如历史遗留问题较集中、部分土地和建筑权属复杂、公益损害事实的取证难、涉铁领域专业技术性强等，这也需要检察机关不断加强自身建设。

道阻且长，行则将至。下一步，四分院将在最高检和市院的正确领导下，立足跨区划检察职能，以发展的眼光看待问题，以发展的办法破解难题，以更宽阔的视野、更积极的作为扛起时代责任，为建设更高水平平安铁路、护航“轨道上的京津冀”贡献检察力量！

织密公益诉讼检察“保护网”
助推铁路安全运行“加速度”

安徽省人民检察院

铁路安全是总体国家安全的重要组成部分。安徽作为位于中国长三角地区省份之一，铁路运营里程5737千米，高铁运营里程达2773千米，位居全国第三，“轨道上的安徽”活力强劲。2024年以来，安徽省检察机关认真落实最高检工作部署，充分发挥公益诉讼检察职能，把“高质效办好每一个案件”融入到铁路外部环境安全治理监督中，助力全省铁路高质量发展与高水平安全良性互动。专项监督活动以来，共办理涉铁路外部环境安全公益诉讼案件65件，制发检察建议63件，消除安全隐患800余处。

一、聚焦办案监督，拧紧平安铁路“安全阀”

（一）省院统筹调度强推进

安徽省院认真落实最高检、国铁集团《关于加大铁路外部环境安全检察公益诉讼办案力度强化铁路安全法治保障的通知》要求，迅速部署开展专项监督活动，明确工作方案，强化系统观念，充分发挥检察机关一体化办案机制，构建省院统筹引领、市院指导推进、基层院全力落实、铁路检察院协调配合的三级联动一体化办案格局，合力推进案件办理。省院统一建立线索台账，坚持高位推动，跟进指挥调度。专项监督期间，省院向各地分五批次交办问题线索322条。同时，根据安全隐患情况、危害安全情形和应对处置难易等，坚持因案施策、分类指导：针对办案阻力大、整改难度高的问题线索，省院及时研判评估，适时挂牌督办；针对重大疑难复杂案件，及时组织召开三级院检察官联席会议研讨会商，围绕调查取证、监管主体及监管职责等方面研究制定监督方案，确保办案精准、规范。

（二）聚焦突出隐患破难题

各级检察机关紧盯影响铁路外部环境安全的重点问题，特别是铁路沿线生产、加工、储存危化品等高危作业安全监管问题，持续加大办案力度，防患于未然。如针对凤台县某加油站擅自侵占铁路用地建设并经营，危害铁路运输环境安全情形，省院指导淮南市两级检察机关会同合肥铁路运输检察院成立专案组，在立案调查、检察建议、评估整改等关键环节跟进指导，积极协调专家组对相关专业问题进行论证，先后5次听取案件汇报并实地督导，通过办案督促拆除违建加油点254.3平方米，填埋地下储油罐175.7平方米。此外，聚焦飘浮物、危树等异物侵限，铁路沿线违法施工、违法侵占等隐患问题，安庆、芜湖、滁州、合肥、阜阳等地检察机关立案办理了一批案件。如针对合武铁路绕行线辖区段存在硬质飘浮物危及铁路运行安全问题，合肥市庐阳区院向相关职能部门制发检察建议，并召集职能部门与铁路部门、属地街道召开圆桌会议，确定整改方案，推动依法拆除违建彩钢瓦房顶1500平方米，解决了遗留多年的安全隐患问题。

（三）持续跟进监督求实效

省院、相关属地检察机关及合肥铁路运输检察院多次开展三级联动“回头看”，邀请铁路企业、属地政府、人民监督员等对部分重点隐患点的整改情况进行现场查看和评估，确保整改到位、隐患消除。如在凤台县院、合肥铁路运输检察院办理的督促整治阜淮铁路沿线违建加油站危害铁路运行安全行政公益诉讼案中，检察机关邀请人大代表、政协委员、铁路企业工作人员及“益心为公”志愿者现场勘查并召开公开听证会，对隐患整改情况进行全面评估评议，确认现场符合铁路运营安全标准后方终结案件。

二、加强协作联动，奏响多方共治“协奏曲”

（一）强化检企协作增合力

专项监督活动开展后，省院、合肥铁路运输检察院及时与合肥铁路办事处召开专题会议，深度交流省内铁路沿线安全环境治理工作，推动检企双方加强协作，就信息共享、线索移交、情况报送达成一致意见，确保铁路安全隐患问题移送顺畅、治理及时。省院李卫东副检察长专程带队赴合肥工务段相关地方车间，调研隐患问题，了解企业诉求，指导各地扎实开展专项监督活动，助力铁路外部环境安全治理。办案中，各地检察机关还注重发挥双方优势，主动邀请铁路运输企业参与线索摸排、调查取证、公开听证、跟进监督等办案活动，全面排查、动态分析安全隐患，确保整改方案制定科学、整改后效果评估客观。如宣城市宣州区院依托与上海铁路局芜湖工务段宣城高铁栈桥车间建立的铁路安全隐患线索移送机制，开展专人联络、线索互通、协同办案的常态化工作模式，接收宣城高铁栈桥车间移送危害铁路安全线索多件，经实地勘查，共立案9件，督促属地政府依法履职，并共同赴现场对安全隐患整改情况进行“回头看”。

（二）优化路地协同提质效

涉铁安全隐患问题往往专业性强、区域跨度大，在进行异地协调沟通时存在一定困难，对此，省院指导合肥铁路运输检察院充分发挥桥梁纽带作用，与地方检察机关加强协作，推动铁路单位、地方行政机关各司其职、依法履职，保障铁路外部环境安全检察公益诉讼工作有序推进。专项监督活动中，合肥铁路运输检察院一方面运用与铁路企业联系密切的优势，及时获取安全隐患问题线索并上报省院；另一方面，协助地方检察机关与驻皖铁路各站段、铁路安监部门协调沟通，先后协同6地检察机关办理了违建加油站、树植隐患、彩钢瓦隐患等案件，共同推动问题解决，取得良好的办案效果。

（三）实化府检联动促整改

铁路外部环境安全隐患成因复杂，监管主体往往涉及多地、多部门，各地检察机关在专项监督活动中，注重发挥检察公益诉讼督促之诉、协同之诉的作用，依托“府检联动”工作机制，通过召开圆桌会议、公开听证、与地方政府会商、协同向地方党委汇报等方式，进一步厘清监管职责、明确整改方案，有序推进安全隐患问题治理。如在督促整治阜淮铁路沿线违建加油站危害铁路运行安全行政公益诉讼案中，凤台县院会同合肥铁路运输检察院，牵头组织县自规局、县交通运输局、属地政府等单位召开圆桌会议，经过深入研讨、反复论证，共同制定出切实可行的整改方案。再如，针对合肥工务段曾多次要求整改而未果的京港高速线某砂石厂常年露天堆放建筑物料，大量轻薄覆盖物可能漂浮引起铁路供电故障危及列车运行安全问题，肥西县院向县交通局制发检察建议后，就其反映的整改难度较大、路地联系不顺畅等问题，积极协同其向地方党委汇报争取支持，并牵头召集县交通局、公安局、属地政府、合肥工务段召开圆桌会议，推动各方明晰职责，商定整改措施，落实专项整治资金，如期实现砂石厂关停、堆料清运目标，实现安全隐患销号清零。

三、拓展治理效能，打出提质增效“组合拳”

（一）加强释法说理重协同

针对部分安全隐患属历史遗留的顽瘴痼疾，涉及群众切身利益，处置不当易激发矛盾的情况，检察机关主动融入社会治理，加强沟通协调，了解各方诉求，以有温度的司法办案定分止争。如宣城市宣州区院针对皖赣铁路（宣州古泉段）安全保护区内高大树木入侵铁路架空电力线情形，协同行政机关、铁路部门主动上门沟通，合理维护“先行权益”方诉求，妥善化解矛盾纠纷，协调各方就案涉树木权属、补偿标准达成一致意见，按期完成了铁路沿线安全保护区内树木砍伐工作，确保高铁运行畅通无阻。

（二）坚持以案促治重长效

省院指导各地注重做好专项监督工作的“后半篇文章”，以办理个案为契机，推动相关职能部门开展类案治理、系统治理，定期开展安全隐患排查，构建常态化监管机制，确保隐患整改长效长治。如在督促整治阜淮铁路沿线违建加油站危害铁路运行安全行政公益诉讼案中，检察机关以办案为契机，推动相关职能部门在全域范围内开展铁路沿线运营安全专项整治行动，共出动执法人员 100 余人次，对 25 处现场进行了细致勘验，消除铁路安全隐患 19 处，为地方铁路运营安全提供了坚实保障。

（三）开展普法宣传重预防

危及铁路外部环境安全隐患问题的产生往往与周边群众认识程度不够有关，对此，检察机关注重在办案中宣传、在宣传中办案，打造“法治宣传 +N”模式，将法治宣传融入调查走访、公开听证、督促整改、跟进监督等各环节，深化法治宣传效果。如滁州、合肥、宣城等地检察机关分别会同工务段、属地政府、车站派出所等部门，通过入户开展安全法律法规宣讲等方式，对沿线村居进行普法宣传，持续提升周边群众护路意识。此外，各地检察机关围绕强化安全施工风险管控，先后赴重大铁路工程建设项目点、地方电务段、车务段等单位开展法治宣讲 18 次，受众 1600 余人，助力绷牢安全风险防范“思想弦”。

“检察蓝”携手“铁路蓝” 执公益诉讼之笔高质效书写路外环境安全答卷

贵州省第一地区人民检察院
（贵阳铁路运输检察院）

贵州，是全国唯一没有平原支撑的省份，也是西南陆路交通枢纽、长江经济带的重要组成部分，特殊的地理位置赋予了铁路对于贵州经济社会发展极其重要的意义。近年来，贵州省检察机关自觉服务大局，充分发挥公益诉讼检察职能，与铁路单位协同配合、同题共答，为铁路外部环境安全保驾护航。2024年，全省在铁路外部环境安全领域共立案42件，其中开展磋商10件，提出检察建议20件，进入起诉环节2件，督促消除隐患109处。

一、聚焦检企联动，答好一体履职卷

我们始终高度重视以检察履职保障铁路安全运行，着眼建立机制、压实责任、联动发力。一是机制先行。2022年，贵州省院联合国铁成都局集团公司，制定了《贵州省人民检察院　中国铁路成都局集团公司联席工作规定》《关于加强跨行政区划公益诉讼协作配合的工作意见》，建立检铁协作、路地协作的“一横一纵”一体履职机制，加强信息沟通、线索推送等。机制建立以来，共享隐患数据1000余条，联合开展风险隐患排查处置80余次，移交线索53个，召开联席会议2次，评选典型案例5个，为后续工作奠定了坚实的基础。二是高位推动。最高检联合国铁集团部署铁路外部环境安全检察公益诉讼工作后，贵州省院高度重视，迅速和国铁成都局集团公司制定实施方案，成立领导小组，省院副检察长、国铁成都局集团公司副总经理（贵阳铁路办事处主任）担任组长，下设办公室在贵州省第一地区院，切实发挥跨行政区划检察院和专门铁路检察院优势。省院负责全面指导工作，省第一地区院负责统筹日常具体工作。对重大安全隐患设立专案，省院检察长、副检察长亲自担任专案组组长，自上而下有力推动问题高效解决。

二、聚焦隐患整治，答好全面履职卷

我们始终抓牢隐患整治这个关键，以“三化”全面开展隐患排查、问题核实和督促履职。一是隐患排查系统化。通过铁路单位自查、检铁联合排查和“益心为公”志愿者、铁路职工、群众举报等方式，拓展线索来源，建立问题台账，闭环销号管理。2024 年，铁路单位向检察机关移送重点线索 28 条；省第一地区院向属地检察院移送线索 10 条，开展案件研讨 12 次，联合现场调查 70 余次。二是调查核实专业化。除召开听证会、现场办公会外，积极借力科技和“外脑”，全面核实“两益”受损、职能部门不作为等情况，提升工作质效。一方面，利用无人机现场收集和固定证据；自建大数据法律监督模型，抓取线索 20 余条，成案 2 件。另一方面，邀请行业专家提供咨询意见，助推案件办理。如，黔南州院在办理沪昆线堆放矿渣影响铁路运输安全案中，组织多名地质专家对地质灾害隐患全面评估，出具专家咨询意见，提升案件办理专业效果。三是督促履职精准化。精准运用磋商、检察建议、起诉等方式一体推进问题整改、损害修复。对整改久拖不决、浮于表面的，坚决以“诉”的确认推进整治、推动履职。如，钟山区院在办理督促整治铁路线路安全保护区违法占地经营危害铁路运行安全行政公益诉讼案中，针对农贸市场违法占地经营的严重安全隐患问题，通过检察建议督促整改未果后，依法提起诉讼，促进另行选址修建、整体搬迁原农贸市场。

三、聚焦“三个善于”，答好履职效果卷

我们坚持预防与监督并重，兼顾隐患整改和做实民生之利、护航企业发展，让“三个效果”看得见、可触及。一是由“个案办理”到“类案治理”。坚持以个案办理推动涉铁领域系统治理。如，在办理新窑桥专案中，我们推动铁路、公路管理部门对公跨铁、公铁并行、跨越航道铁路桥等涉及大交通领域安全隐患进行排查，集三级检察机关之力开展大交通领域平安建设。二是事后监督与事前预防并重。坚持关口前移，注重事前预防。例如，在贵南高铁建设之初，省第一地区院就开展专项工作，联合铁路单位开展全线隐患排查，提出整治意见，力推在贵南高铁通车前，周边700余处隐患全面排除。三是兼顾企业发展和民生之利。铁路安全隐患问题成因复杂，且往往多元利益交织，解决难度大。办案中，我们坚持在法理情的有机统一中实现公平正义，做到既守护铁路运行安全，也兼顾民生福祉和企业发展。如，省第一地区院着眼长效长治，通过大走访、同堂培训、建立检铁法治宣讲小分队等，护航企业发展。织金县院在办理督促整治铁路安全隐患案件中，争取党委、政府支持，既解决老百姓饮水困难，又彻底消除铁路安全隐患，获得铁路单位和老百姓支持点赞。

铁路安全关乎国家安全、社会稳定和民生大计，铁路安全保护只有进行时，没有完成时。近年来，我们还相继开展了高铁无障碍环境建设、涉铁消防安全监督等工作。2024年7月，最高检应勇检察长到贵州调研，在省第一地区院调研时特别强调，要进一步强化检地、检铁协作，精准规范开展涉铁公益诉讼工作。下一步，我们将以本次会议为契机，学习各地先进经验，进一步深化铁路外部环境安全保护的协作配合、创新实践，以高质效检察履职护航平安铁路建设，为服务经济社会高质量发展、服务国家治理体系和治理能力现代化贡献贵州检察力量。

检企联动　合力共为
全面推动铁路外部环境整治

中国铁路哈尔滨局集团有限公司

按照最高人民检察院办公厅、中国国家铁路集团有限公司办公厅《关于加大铁路外部环境安全检察公益诉讼办案力度强化铁路安全法治保障的通知》和国铁集团铁路沿线安全环境治理检企联动工作电视电话会议要求，哈尔滨局集团公司会同黑龙江省人民检察院铁路运输分院，把推动铁路外部环境问题整治作为确保铁路运输安全的一项重要政治任务，本着对人民、对企业高度负责的态度，以“坚持人民至上、生命至上，树牢总体国家安全观，统筹高质量发展和高水平安全”为第一要务，坚持提高政治站位，强化责任担当，聚焦突出隐患，主动依法维权，全力以赴打好铁路外部环境整治攻坚战。

一、加强组织领导，畅通联动渠道

一年来，哈尔滨局集团公司主要领导主动向省委、省政府领导汇报路外安全工作情况。分管安全副总经理、安全总监、总法律顾问及安监、企法、工务、护路等部门领导定期与黑龙江省人民检察院铁路运输分院领导座谈会商，并形成《关于加强铁路安全生产联合依法治理，深化铁路安全领域依法主动维权，确保铁路运输安全持续稳定协商会议纪要》，实现路外安全问题检企联动、共同运行“工作联络、信息共享、协作联动、监督制约、技术支持、诉讼会商、普法宣传”7项工作机制。集团公司将检企联动工作纳入月度外部环境整治专班会议，由分管副总经理每月对检企联动工作进行安排和部署，督促问题跟踪整改；集团公司安排专人每周与黑龙江省人民检察院铁路运输分院第六检察部沟通联系，核对移交问题线索，紧盯重点难点问题推进；安监室组织基层站段按照边排查边沟通的原则，及时与属地检察机关对接，对涉及公益诉讼的问题及时移交。

二、强化分工协作，检企合力共为

哈尔滨局集团公司与黑龙江省人民检察院铁路运输分院会商，制定下发了《关于印发哈铁检察分院开展铁路外部环境安全检察专项监督的工作方案》，明确了双方责任分工和解决路外环境问题的具体措施。黑龙江省人民检察院铁路运输分院确定第六检察部为对接部门，检企共同履行统筹、协调、指导、推动、监督职能；哈尔滨局集团公司确定护路办作为检企联动工作机制办公室，协调局内各业务部门。在双方牵动下，各基层院依法履职，齐齐哈尔、牡丹江、佳木斯铁路检察院分别与辖区铁路企业签订了《“检察长+站段长”公益诉讼协同办案协作保护机制》《佳木斯铁路运输检察院与铁路工务、安监部门建立案件事件信息抄送机制》等协作协议，建立了联动合作机制、公益保护工作机制、案件信息抄送机制，通过联合行动维护铁路大动脉运输安全通畅，形成了合力共为的攻坚态势，有力推进了铁路外部环境安全治理检企共治。为壮大铁路外部环境安全治理力量，在检方助推下，联合公安、法院，创造性建立并运行了“检、法、公、企四方协商会谈”机制，打造检、法、公、企多方发力、齐抓共管，共治路外安全环境的工作格局。通过“检、法、公、企”四方专业会议、案件协调会与政府职能部门对接，有效提升问题处理实效。

截至2024年年末，共计完成安全领域维权事项117件，挽回经济损失91.27万元。

三、检企共治共整，全力攻坚克难

一是定点整治。针对滨绥线牡绥段 K490+012 至 K490+152 绥芬河站南场铁路安全保护区内有 30 余棵杨树极易造成接触网跳闸问题，牡丹江供电段向绥芬河市住建局发函，但未能及时解决问题。2024 年 6 月 18 日，牡丹江铁路运输检察院会同集团公司安监室向绥芬河市住建局制发检察建议，举行公开听证会，7 月 20 日完成了树木削冠、修剪等工作。二是重点整治。针对林密线 38km+100m 处选矿厂尾砂等废料（约 20 万立方米）多年侵占河道影响汛期泄洪问题，牡丹江铁路运输检察院根据《中华人民共和国水法》《中华人民共和国河道管理条例》等相关法律法规，向鸡西市麻山区农业农村局制发检察建议，要求其对河道被侵占情况进行整治，消除铁路安全隐患。同时，牡丹江铁路运输检察院还组织麻山区、鸡西工务段和民营企业三方召开专题整改推进会，优化整治方案。2024 年 6 月 11 日，选矿厂将废料清空，恢复了正常的行洪能力。三是联合整治。齐齐哈尔铁路运输检察院会同集团公司安监室先后 4 次深入加格达奇工务段管内，组织地区护路办、加格达奇区政法委、自然资源局、执法局、公安局、铁路派出所以及街道、乡镇等相关人员逐处进行现场调查取证，对违法占地情况进行现场勘察，确定了嫩林线 183–184km、伊加线 209–210km、嫩林 187km– 伊加 210km 居民违法占地耕种事实，利用近一个月的时间对该地段进行了清理。铁路农林管理所对清理后的该地段种植了 4000 余株丁香树进行防护，消除了路外安全隐患。

截至 2024 年年底，通过铁路检察院督促行政机关、企业治理畜牧侵限、树木倒伏影响行车安全等问题 12 处，监督整治行车安全隐患 144 处。

四、持续巩固成果，确保长治久安

在黑龙江省人民检察院铁路运输分院两级机关的鼎力支持和帮助

下，2024年度，集团公司移交并解决重点难点问题45件，主要涉及违建违占类、上跨并行类和轻硬飘浮物类等问题。2024年10月21日至25日，最高检、国铁集团联合调研检查组一行4人，对哈尔滨局集团公司和黑龙江省检察机关检企联动推进铁路外部环境隐患治理工作情况进行了调研检查，并对工作成效给予了充分肯定。下一步，集团公司将进一步提高政治站位，巩固2024年度检企联动工作成果，持续增强铁路外部环境安全治理的责任感和使命感，加强与黑龙江省人民检察院铁路运输分院和基层院的协作，统筹整合充实检察院+基层“双段长”+护路联防+基层网格员力量，常态化开展排查整治，形成工作合力，全力净化铁路沿线安全环境，为推动铁路运输高质量发展、实现运输安全长治久安奠定坚实的基础。

凝聚共识 合力共为 以“四同”新格局 全面推进检企共建 共治共保铁路安全

中国铁路广州局集团有限公司

广州局集团公司深入学习贯彻习近平总书记关于铁路安全工作重要指示精神，认真落实党中央、国务院和国铁集团党组工作部署，树牢总体国家安全观，按照最高检强化铁路安全法治保障的工作要求，坚持依法治理、源头治理、综合治理，依托检察公益诉讼，检企双方合力攻坚，全面推动铁路沿线安全环境整治，防范化解铁路突出安全风险隐患，切实保障铁路运输安全和人民群众生命财产安全。

一、建立机制，凝聚共识，做到思想上“同心”

铁路安全一盘棋，广东省人民检察院广铁检察分院与广州局集团公司建立了铁路沿线环境治理检企共建长效机制。一是建立健全检监企公益诉讼协作配合机制。2023 年，广州局集团公司、广铁检察分院、广州铁路监督管理局就危及铁路运输安全的公益诉讼案件线索移交及办理、联席会议等形成协作配合机制。根据最高检相关要求，检企双方于 2024 年 5 月 30 日发布了《广东省人民检察院广州铁路运输分院 中国铁路广州局集团有限公司关于印发〈检铁共治共保铁路外部环境安全公益诉讼检察专项行动实施方案〉的通知》，明确了总体要求、工作范围、工作重点、实施步骤和具体工作措施。2024 年共召开“检监企”例会 3 次，召开湖南、广东片区推进会 2 次，联合广州铁路监督管理局、广东省交通运输厅等单位开展联合督办行动 2 次，机制建立以来累计召开联席会议和协调会议34场，现场开展联合整治行动71次，移送公益诉讼线索150条，案件办结101件。二是建立健全检企协同新格局。2024年广州局集团公司、地方人民政府、地方人民检察院、铁路运输检察院建立铁路外部环境安全“双段长+双检察长”机制，不断深化“双段长”与“路地”检察机关力量协作协同，构建铁路企业落实安全生产责任、行政机关行政监管、检察机关法律监督的环境综合整治新格局，受到多方关注，最高检官网、《检察日报》、正义网等多家新闻媒体予以报道。三是建立专项排查机制。检企双方以排查治理涉铁路桥梁安全隐患等七类铁路沿线高危安全隐患为工作重点，进一步完善常态化联络机制，共同开展隐患问题滚动摸排，推动重大事故隐患动态清零，形成各方发力、多措并用、畅通高效的铁路沿线外部环境安全治理格局。

二、构建平台，畅通渠道，做到组织上“同频”

聚力推动“检企共建”平台建设，通过加强上下联动、内外协作配合，及时发现和查处危害铁路安全的违法行为。一是构建“两级”公益诉讼联络平台。在检企层面，各确定了一名分管领导负责，指定具体联络人员，做好沟通协调、线索移送等日常联络。在基层单位层面，分专业、分系统指定联络人员，建立了联络人通信名单，形成内部纵向、外部横向两条联络线。内部纵向，即对需移交检察院的线索，及时向集团安监室、企法部和主管专业部门反馈；外部横向，即及时向基层检察院反馈信息和移送公益诉讼线索。二是构建技术支撑与人才交流平台。2024年，广州局集团公司从各部门选拔了15名技术骨干担任广铁检察分院特邀检察助理，在为办理涉及铁路安全的疑难复杂案件提供专业指导的同时，不断强化双方领域知识互补。筛选83名公益诉讼志愿者，借助“益心为公”志愿者检察云平台，对铁路环境安全公益损害问题在线反映至检察院。检企在情况线索、把握政策、应用法律、办理案件等方面互相借鉴，加强协同，为对方提供技术支持和服务保障。

三、联合行动，合力共为，做到落实上“同步”

广铁检察分院和五个基层院与广州局集团公司上下联动，同步开展检察公益诉讼工作。一是严格落实“一把手”工程。检察公益诉讼工作由集团公司、相关站段主要负责人与广铁检察分院、基层检察院检察长牵头负责，融合四大检察职能，以项目工作法、一线工作法、典型引路法和任务项目化、项目清单化、清单责任化“三法三化”确保行动有序开展，重大安全隐患线索及时导入检察办案环节，依法高效办理。二是精心筛选案件线索。集团公司下发了《关于组织开展铁路外部环境安全隐患排查的通知》，每季度对管内环境安全隐患进行排查，安监室组织对隐患逐一研判，企法部向广铁检察分院集中移送线索，广铁检察分院制订推进计划，推动两级院联动办案。三是大力推进隐患整治。集团公司、检察院有关领导亲自带队逐条线索走访，实地调查取证，座谈磋商，集中力量督促地方政府、相关部门和责任单位迅速消除了一批涉铁重点安全隐患。2024 年共移送检方 39 条隐患线索，检察院立案 19 件，办结 13 件。四是深入开展以案释法。公益诉讼检察官深入铁路各基层单位，以“检察公益诉讼与铁路安全”为主题，用案例事实解释法律条文，广泛宣传检企共保铁路安全理念。

四、有力推进，常抓不懈，做到目标上“同向”

在各项工作开展中，检企双方联动作战，以问题为导向，确保每个案件环节及处理，取得实效。一是持续深化安全领域依法维权。

集团公司按季对线索集中梳理，组织收集证据，制定维权方案，对事实清楚、证据充分的及时移交检方。与检方定期对接梳理工作进度，掌握每个案件处理情况，对完成整治的及时验收闭环。二是检察公益诉讼工作取得成效。2024年，在检企通力合作、联合攻坚下，集团公司在铁路安全环境整治方面取得成果，检察公益诉讼工作取得成效，推动重大隐患得到妥善处置。检企双方依难易和紧急程度将线索分为可快速办理线索、普通线索、重难线索，推进整治隐患180处，涉及漂浮物危树等异物侵限、铁路沿线违法施工等重点隐患类别，一批重大隐患案件得到妥善处置。如京港高铁边坡非法开挖沟渠危害铁路运输安全行政公益诉讼案，地方村民未经同意在铁路线路安全保护区内使用挖机开挖沟渠，改变了原有排水路径且边坡未防护，严重影响铁路基础稳定，经检察院立案督促，责任单位完成边坡整治。杭深高铁汕尾站内路堑山体被擅自开挖造成严重安全隐患行政公益诉讼案，地方施工单位在铁路路堑边坡使用大型机械开挖山体，改变了原地面排水路径，存在泥石流掩埋铁路、石块滚落侵入铁路安全限界的严重安全隐患，检察机关组织磋商会谈，属地政府与铁路运输企业沟通对接完成隐患整治。京广铁路郴州市永兴县公跨铁桥梁重大安全隐患行政公益诉讼案，该处公跨铁桥梁因长期缺乏管理维护，导致桥台及T梁均出现问题，存在桥梁坍塌重大安全隐患，检察机关发挥跨行政区划检察职能督促并协同路地、军地相关职能部门监督该处危桥按期拆除。燃气管道下穿铁路线危害铁路运输安全行政公益诉讼案，燃气公司在未经同意并签订安全协议的情况下在铁路咽喉区涵洞内下穿燃气管道且未设置警告标志，检察机关通过磋商、检察建议、公开听证等推动完成隐患整治。石长铁路益阳市高新区危树侵害铁路安全行政公益诉讼案，该处上行线侧大量危树危竹严重影响铁路驾驶员的瞭望视线，一旦倒伏将侵入铁路限界，检察机关督促该处危树危竹全部砍伐完毕，安全隐患得到彻底消除。

下一步，广州局集团公司将继续深入贯彻落实习近平总书记的重要批示指示精神，进一步增强政治敏锐性和责任感，持续高质量推进检企共建共治，不断巩固和扩大铁路安全环境治理成果，确保铁路沿线环境安全持续稳定，努力为建设更高水平的平安铁路做出更大贡献。

聚协作之力　亮法治之光

中国铁路成都局集团有限公司

中国铁路成都局集团有限公司（以下简称成都局集团公司）管辖范围辐射四川、重庆、贵州“两省一市”。按照最高人民检察院与中国国家铁路集团有限公司的工作部署，成都局集团公司积极开展检企共建整治路外安全隐患专项工作，主动对接检察机关，推动运用检察公益诉讼方式治理路外安全隐患，取得了显著成效。

一、加强统筹部署

（一）赋能基础，细化实施方案

成都局集团公司高度重视检企共建工作，近年来与成铁两级检察机关形成了检企协作机制，共同推进路外安全隐患整治。在最高人民检察院办公厅、中国国家铁路集团有限公司办公厅《关于加大铁路外部环境安全检察公益诉讼办案力度强化铁路安全法治保障的通知》印发后，成都局集团公司赋能原有协作机制，将铁路外部环境安全检察公益诉讼作为整治路外安全隐患的重要手段，与“两省一市”省级检察机关历经10余轮会商，分别制定了“两省一市”实施方案，明确了“整治重点、联络机制、工作责任、要求措施”四个维度，构建了闭环管理的工作格局。

（二）凝聚共识，压实权责分工

实施方案下发后，检企双方联合在“两省一市”召开宣贯动员会，向辖区检察机关、铁路企业宣贯实施方案内容，形成检企协作的强大合力。省（市）检察院领导、成都局集团公司主要领导出席动员会，提出具体工作要求，进一步压实各级检察机关、铁路企业责任，确保了路外环境安全公益诉讼的深入实施。

（三）突出引领，强化头雁效应

检企双方领导高度重视路外环境安全工作，亲力亲为推动检企共建工作，形成高层级、高规格、高标准的工作定位，为检企共建工作提供了坚实的组织保障和重要的示范作用。成都局集团公司主要领导组织研究落实检企协作实施方案，分管副总经理牵头组织研究路外隐患整治施工方案；四川省检察长对成都局集团公司与成铁检察分院共同形成的工作汇报予以批示，重庆市检察院、贵州省检察院领导挂帅督办，高效办结重庆江北区铁路安全保护区违法堆放弃土、贵州六盘水市消除路伤风险等路外环境隐患，有效防范和化解潜在风险。

二、强化执行落实

（一）协谋创建聚合模式

成都局集团公司组建路外环境整治专班，由总法律顾问牵头对接检察机关，采取不定期联席会、专家咨询等方式开展会商 28 次，研究破解难题。在铁路内部遴选 20 名安全环境治理专家，建立起铁路沿线安全环境治理专家库；协助检察机关选聘 156 名“益心为公”志愿者和 2 名检察官助理，参与线索摸排，形成了一体化工作模式。

（二）协同开展排查研判

检企双方共同开展联合排查，梳理形成“问题清单”、一处一档，精准确定整治隐患事项。2024 年，检企双方共现场踏勘隐患 400 余处，其中立案 32 项，推动路外安全隐患高效处置。同时，检企双方围绕排查的隐患事项类型，联合分析隐患成因、危害大小、影响范围、整治可行性以及隐患的代表性等内容，着力于整治一案、影响一片，充分发挥以案促管、以案促治作用。

（三）联合推进隐患整治

检企双方细化分工、通力合作，坚持效果导向，落实一案一策，扎实开展隐患整治工作。检察机关积极开展调查取证，核实涉案主体，约谈涉事政府部门、相关企业，制发检察建议书，督促涉案单位依法履行职责，协调各方共同明确整治方案并推动落实；成都局集团公司积极做好协助配合，深入开展侵权证据收集、危害专业评估、权利义务协调、整治方案审查、整治过程监督、整治结果验收等工作，大力助推安全隐患彻底整治。

三、深化整治成效

本次检企共建整治路外安全隐患工作效果显著，累计消除安全隐患 340 处，其中清理拆除线路安全保护区违占违建 219 处、7.5 万余平方米，清理加固铁路沿线彩钢瓦棚 11 处、1.3 万余平方米，整治下穿铁路油气管线 98 处，整治上跨桥隐患 4 处，清理高铁桥下非法弃土弃渣 8 处、9.8 万余立方米，有力有效保障了铁路环境安全。同时，成都局集团公司注重办案过程的经验总结，与检察机关共同汇编形成了 14 件优秀案例，推动公益诉讼形成示范效应。

（一）有效整治桥下违建

以“广元韩家沟特大桥下违建木材厂及废品收购站危害铁路运行安全行政公益诉讼案”为例。四川省广元市韩家沟铁路特大桥下，违建木材厂、废品收购站等隐患存在长达 9 年，严重危害铁路运行安全。成都局集团公司与成铁检察分院干警现场调研、踏勘取证，联合属地检察机关多次会商行政单位和涉事方，全程参与整治方案的研究和制定，实现了 13 处隐患彻底清除。

（二）有效整改油气管线

以“南充市天然气管道违规下穿铁路危及铁路线路安全行政公益诉讼系列案”为例。四川省南充市 4 区（县）境内 13 处燃气管道穿越铁路，存在埋深不足、未采取有效安全保障措施等隐患，严重危及铁路线路安全。成都局集团公司通过双段长机制向地方政府多次推送，均未消除隐患。向原成都铁路运输检察院移交线索后，积极配合开展证据收集。检察机关对 4 区（县）住建部门以行政公益诉讼立案，并制发检察建议，最终督促涉事企业在保障居民用气的前提下采用增加埋深、优化燃气管道路径等方式解决了安全隐患问题。

（三）有效清理非法弃土

以“重庆市江北区等地铁路安全保护区违法堆放弃土危害铁路安全行政公益诉讼案”为例。重庆市境内郑渝高铁桥下铁路安全保护区内，有非法倾倒弃土 2 处约 5.3 万立方米，重庆市检察院领导部署，重庆两江地区检察院干警数次调查取证，制发检察建议。涉事单位在成都局集团公司的指导下，制定整治方案，确保弃土最终得到全部清理。

（四）有效消除路伤风险

以“贵州省六盘水市钟山区人民检察院督促整治铁路线路安全保护区违法占地经营危害铁路运行安全行政公益诉讼案”为例。贵昆铁路水大支线钟山区管内，沿线群众在铁路安全保护区内自发形成农贸市场已长达 40 年，乱搭乱建、占道经营、群众穿行铁路等问题长期存在，人身安全风险十分突出，仅 2023 年以来就造成列车停车 88 次。在贵州省检察院指导下，六盘水市钟山区检察院提起行政公益诉讼，并协调地方政府多方筹集资金，成都局集团公司主动担当，积极配合地方政府寻找合适场所修建农贸市场，既消除了铁路安全隐患又保障了民生需求。本案也被最高人民检察院、中国国家铁路集团有限公司纳入铁路沿线安全环境治理检察公益诉讼典型案例。

（五）有效解决桥梁隐患

以“贵州省人民检察院督促整治公跨铁桥梁重大安全隐患行政公益诉讼案”为例。位于贵州省六盘水市六枝特区的新窑公路桥，上跨沪昆铁路，存在超负荷承压运输、违规架设供水管道、年久失修等严重隐患。贵州省交通厅曾挂牌督办，但未见成效。贵州省检察院评估后依法立案，组成专案组，召集相关行政部门共同研究，一体化推进办理。成都局集团公司积极提供行业支持，指导责任站段与整改施工单位签订安全生产协议，为封闭管理施工预留每日列车运行空窗期。经整改，新窑桥总体技术状况、承载能力、安全防护能力等均已符合安全要求。检府企联动协同履职，共同维护铁路公路安全稳定。

成都局集团公司将进一步发挥《关于深化检企协作　强化检察公益诉讼办案力度　切实维护铁路外部环境安全的实施方案》的制度机制优势，充分利用检察公益诉讼职能，持续深化与“两省一市”检察机关的沟通协作，建立健全协同治理的长效监管机制，有效实现资源共享、优势互补，积极消除铁路外部环境安全隐患，助力提升铁路外部环境安全管理水平，为西南铁路高质量发展提供良好的法治保障。